EL ARTE DE VENDER

PORQUE TODOS
VENDEMOS ALGO

FRANCISCO DI EMMANUEL

1 #CREE EN TI

Ten confianza en ti mismo, el arma más poderosa que tiene un vendedor o vendedora a su alcance, es la confianza que deposita en sí mismo y la confianza que puede crear en las personas que lo están escuchando.

Sin confianza no somos nada. Con confianza lo somos todo, y para eso tienes que vestir, hablar y sentir como un ganador o ganadora, porque lo eres, tienes en tus manos la posibilidad de mejorarles la vida a ti y a tus clientes.

Sal, vende y devórate el mundo a mordidas.

 Porque el mundo antes de escuchar qué es lo que tienes para ellos, primero te verán de arriba abajo, y te verán como un ganador y querrán saber de ti y qué es lo que vendes. Y estarán impacientes por saber qué es lo que tienes para ofrecer.

EL ARTE DE VENDER

ES EL ARTE DE COMPARTIR...

FRANCISCO DI EMMANUEL

COACH EMPRESARIAL, ARTISTA Y AMIGO

FRANCISCO DI EMMANUEL

EL ARTE DE VENDER

PORQUE TODOS VENDEMOS ALGO

PRIMERA EDICIÓN 2020

©2020. DERECHOS RESERVADOS DEL AUTOR

Gracias:

A DIOS...

A mi DIOS hermoso que jamás me ha abandonado en mi camino, y que día a día me sigue enseñando a su manera.

A MI MADRE...

A mi MADRE que no me abandonó en aquel hospital, si no que lucho cada día con todo su amor para que yo saliera adelante y fuera un hombre de bien.

A MI PADRE...

Que me enseñó a volar del nido, con mis alas renovadas. Y me enseñó el secreto de vivir bien de mi talento.

Gracias por todas tus célebres frases.

A MIS TRES MAMÁS POSTIZAS...

ABUE FRANCIS, FRANCIS RINCÓN Y SUSI RINCÓN

Que me cuidaron protegieron y enseñaron como una mamá más.

Que mi Dios las tenga en su Gloria...

A GLORIELITA RAZ GUZMAN...

Madrinaza... (También Mamá postiza)

Que me ayudó muchas veces a sanar mis heridas emocionales y me despertó el gusto por la escritura.

A MIS HERMANOS:

IVAN, PACO, CARLITOS Y HILL...

Pero sobretodo a **IVÁN RINCÓN** que fue el mejor de los hermanos mayores y que me cuidó, guio y apoyó como en verdad se debe ser un buen hermano Mayor.

AGRADECIMIENTOS:

QUIERO DAR GRACIAS PRIMERO A DIOS SOBRE TODAS LAS COSAS GRACIAS A ÉL QUE ESTE LIBRO ESTA HOY EN TUS MANOS.

Quiero agradecer como escritor y artista en Ventas a mis alumnos, que sin sus peticiones, este material no hubiera sido posible, agradezco a todos mis maestros que me enseñaron muy bien el arte de vender pero sobre todo el arte de llevar paz y alegría a los demás por medio de las ventas.

Gracias a mis padres y mis hermanos, que me inculcaron nunca quedarme en un solo camino sino seguir investigando como es que podemos mejorar.

Gracias a mi esposa, mi compañera fiel.

Gracias a todos los amigos vendedores que colaboraron con sus anécdotas de vida y su experiencia. Gracias a Dios que me acompaña en todo mi camino y que jamás me abandona.

Y gracias a ti que hoy estás disfrutando de este hermoso libro. Espero que te sea de gran ayuda y compartas con los demás tu talento.

Felicidades tu Entrenador en Ventas:

FRANCISCO DI EMMANUEL

#1 CREE EN TI

Ten confianza en ti mismo, el arma más poderosa que tiene un vendedor o vendedora a su alcance, es la confianza que deposita en sí mismo y la confianza que puede crear en las personas que lo están escuchando.

Sin confianza no somos nada. Con confianza lo somos todo, y para eso tienes que vestir, hablar y sentir como un ganador o ganadora, porque lo eres, tienes en tus manos la posibilidad de mejorarles la vida a ti y a tus clientes.

Vestir bien mejora tu autoestima, pero vestir bien de acuerdo a lo que vendes mejora tus ventas…

Eres un artista de las ventas, debes salir al mundo con tu mejor sonrisa y tu mejor vestuario, esa ropa que representa lo que tu vendes, tu traje de gala, tu esmoquin, tu uniforme de percha, tu mejor vestido, zapatos boleados, peinado de triunfador y triunfadora.

Porque el mundo antes de escuchar qué es lo que tienes para ellos, primero te verá de arriba abajo, y te verán como un ganador y querrán saber de ti y qué es lo que vendes. Y estarán impacientes por saber qué es lo que tienes para ofrecer.

Sal, vende y devórate el mundo a mordidas.

CÓMO TE VEN TE TRATAN

TU IMAGEN TAMBIÉN VENDE

Tu imagen es tu forma de vestir, como luces, si estás bien arreglado o no, si vistes formal o no, lo que dice tu ropa de ti y tu lenguaje corporal (como te paras, como caminas etc.).

Tu Imagen es tu primera impresión ante el cliente, la primera llave para poder vender en grande.

Tu imagen vende y vende muy bien. Es más, antes de que te acerques a la gente a tratar de hacerles una venta, ellos ya te vieron de arriba abajo, te analizaron, y en cuestión de segundos, se formularon una idea de ti. No tuviste que decir todavía nada, pero ellos ya te juzgaron para bien o para mal, y te guardaron en sus mentes en la zona buena o mala de su mente, eso depende de ti.

Recuerda que tú eres tu producto y tu imagen es lo más importante para poder abrir el diálogo hacia una venta.

Tu imagen crea confianza y si te ves de la mejor manera posible, la gente permitirá que tú te acerques a interactuar con ellos. De lo contrario prepárate para los interminables rechazos: No gracias, no tengo cambio o no eres lo que busco gracias.

Tengo un amigo ingeniero que es un gran programador pero siempre está desempleado o dura muy poco en sus trabajos, un gran ingeniero en computación, pero nada más no le gusta vestir formal. Su ropa favorita para él, son sus tenis negros rotos, sus pantalones de mezclilla y sus playeras blancas, con eso se siente súper cómodo y está bien, es importante sentirse cómodo mientras uno trabaja, pero no cubre para nada los estándares de una empresa de High-Prestige (Alto prestigio).

Sabemos que la imagen de una empresa no solo es su producto, sino sus empleados también. Imagínate que visitaras la empresa y yo te presentará al Ingeniero de Sistemas vistiendo así. ¿Cuál sería tu primera impresión de él? ¿Me creerías que es ingeniero vestido así? ¿Claro que no verdad?

Lo mismo pasa con tu forma de vestir, representa no sólo quien eres sino lo que vendes.

Imagínate que quieres conseguir el mejor trabajo del mundo. Ser el Jefe o Director de esa empresa de lujo y ganar los millones que gana el Jefe; y te presentas a tu entrevista de pants y playera Mmm... tu qué piensas ¿crees que te darían el trabajo?

¿Verdad que no?

Este libro fue creado para que fueras libre financiera mente y para que no pasaras toda tu vida recibiendo un sueldito como empleado.

Si no que Ganarás más, mucho más, gracias a tus aptitudes y actitudes.

Y es que aunque no lo creas:

TU IMAGEN VENDE Y VENDE MUY BIEN.

Por ejemplo yo siempre hago mi trabajo vestido de traje y corbata y es no solo porque me hace sentir cómodo, sino que me da confianza a la hora de vender y la confianza es poder.

Es como si el cliente tuviera un poder especial en que sintiera tu vibra, y si te sientes bien contigo mismo (misma) luciendo genial y limpio, tu cliente lo percibirá y le atraerá más lo que vendes.

Puedo jurarte que este consejo te servirá.

A mí me sirve muchísimo, sobre todo a la hora de negociar un precio o cerrar un trato. Parece mentira pero no lo es, el solo hecho de traer corbata o no, hace que mi cliente no me vea igual. Cuando no traigo corbata me veo informal y la mayoría de los casos me han rechazado a la hora de ofrecer mi producto. Parece magia, pero es ciencia, solo voy me pongo la corbata o el corbatín y empiezan a caer los clientes queriendo contratar mis servicios.

Es una cuestión interna llámalo así, pero vestir bien funciona. Además me ayuda a diferenciarme de la competencia, mi servicio es de altísima calidad. Y mi vestimenta tiene que reflejar lo que hago.

Como decía mi antiguo maestro:

> **QUE NO TE HUELAN LA NECESIDAD QUE TE HUELAN EL PRESTIGIO...**

Es como el chico que quiere conquistar a la chica y en lo primero que se debe fijar la señorita, es en el calzado del muchacho.

Si cuando va a una cita con ella, trae los zapatos boleados... quiere decir que es un muchacho limpio y atento a los detalles, pero si trae todos los zapatos descuidados, es seguro que esa muchacha va a sufrir con él.

Por eso es importantísimo que aprendas a vender y tu ropa vende.

Ahora, eso es a lo que yo me dedicó, pero si tú te dedicas por ejemplo a vender pan, vístete como panadero eso da confianza y atrae muchos más clientes.

Conozco la mejor historia del mundo, un hombre que estaba ahogado en deudas pero aprovechó su nueva forma de vestir...

APRENDE A EMPRENDER

Esta es la historia verídica de un hombre que estaba ahogado en deudas.

"EMPRENDER O MORIR"

Cada día incrementaba más la deuda de sus tarjetas y estaba a punto de perder su casa por el incremento de intereses de su deuda, los bancos no dejaban de llamarle a su domicilio e insistir que les pagará.

Él trabajaba como empleado en una empresa, pero su sueldo no le alcanzaba para cubrir todas sus necesidades.

Un día desesperado, tenía que decidir o invertir el poco dinero que le quedaba para hacer algo que le produjera más dinero o gastarse las pocas monedas que tenía y solo comer tres días más.

La decisión era fácil: invertir su dinero para sobrevivir.

Así que se le ocurrió una gran idea: 6 días a la semana entraba a trabajar alrededor de las 9 de la mañana a su empleo formal, y por esa misma calle precisamente pasaba una cantidad enorme de gente que también se dirigían a sus empleos.

Estas personas también necesitaban comer, así que decidió que para el día siguiente haría con el poco dinero que le quedaba, unos panes con jamón y queso para vender. Y venderlos como desayuno a las personas que se dirigían a su trabajo.

Esto quería decir que debía levantarse en la madrugada para hornear los panes, preparar los alimentos y llegar mucho más temprano a la calle donde transitaba la gente, para tratar de vender todo de 8 a 9 de la mañana antes de que comience su trabajo habitual.

Necesitaba llamar la atención. Así que se hizo con un poco de tela que tenía por ahí, y realizó un Mandil Rojo y un Gorro enorme como de panadero o chef (**SU VESTIMENTA VENDÍA**) y salió a vender, ahora sí, llamaba mucho la atención y al ver su gorro de chef la gente pensaba de seguro estaban ricos sus panes.

Estos se veían muy bien y aquel día vendió toda su mercancía.

Ese día con lo poco que tenía había hecho 12 panes, para el día siguiente con lo que ganó se propuso hacer 10 panes más. Cada día aumentaría la cantidad de panes de 10 en 10 a ver cuántos podía vender, así fue creciendo. Un día incluso llego gente nueva a pedirle empleo a él, de lo mucho que vendía. Así que empezó a contratar a más personas y a vender y a vender.

Pronto no solo pago todas sus deudas, sino que dio empleo a más gente como él que lo necesitaba, construyó una sociedad y creó un negocio propio. Ves como en esta historia la vestimenta hizo que llamara más la atención y sus ventas se elevarán al tope.

TU ROPA VENDE

TU TALENTO PUEDE SER, TU MEJOR EMPRENDIMIENTO...

Esta historia le ocurrió a alguien cercano a mí, un amigo de mi trabajo llamado Víctor que también ahogado en deudas le encantaba estar pide y pide prestado a los demás y jamás les pagaba, ¿cómo? si nunca tenía dinero, y lo que ganaba con su sueldo ya lo debía.

Incluso un día, mi otro amigo Luis me advirtió que a Víctor jamás le prestara ni un dólar, porque ese dólar jamás lo volvería a ver.

Llegó el día menos esperado, donde Víctor le pidió dinero a la persona equivocada.

Resulta ser que a Víctor se le ocurrió pedirle prestado a Esmeralda la Secretaria y Víctor no lo sabía pero Esmeralda era la novia consentida del Jefe.

Imagínate que un día llego bien enojada Esmeralda, porque le había prestado dinero a Víctor hace dos meses, y él no se digna a pagarle. Y que si en la próxima Quincena él, no le pagaba a la de ya a Esmeralda, ella le iba a avisar a su novio (El Jefe de nuestra empresa) para que lo pusiera de patitas en la calle, es decir que lo despidiera.

Nosotros como apreciábamos a nuestro amigo a pesar de su defecto, fuimos y le avisamos que ya le pagará a Esmeralda, porque si no le liquidaba en 15 días su deuda, le avisaría al Jefe y es seguro que si lo corrían.

Aunque el trabajo de Víctor era referente a algo administrativo, ahí mismo en la empresa se daban varios talleres para los derechohabientes que acudían a ese lugar, tales como pintura, dibujo, música entre otros.

A Víctor le gustaba mucho bailar en su tiempo libre y la música electrónica era su pasión.

Así que se le ocurrió abrir su nuevo taller, ahí mismo en la empresa por las tardes, se llamaba "Cardio Dance" y se trataba de ejercicios Cardiovasculares con música electrónica y un poco de baile.

Mi amigo fue un éxito desde el inicio, empezó cobrando $5 pesos por persona, en la primera semana tenía 30 señoras, pero para la segunda semana la voz se corrió y ya tenía 70 señoras en una sola hora de clase.

Mi amigo Víctor no solo le pagó rápido a Esmeralda la secretaria, sino que se la ganó, porque con tal de tenerla contenta y de su lado, la dejo tomar sus clases gratis de Cardio Dance.

A mi amigo le empezó a ir muy bien, con sus primeras ganancias y se mando a hacer unas playeras de Instructor... Recuerda:

"VESTIR DE ACUERDO A LO QUE HACES VENDE..."

Se pagó unas pequeñas clases de instructor, y lo que fue aprendiendo lo fue enseñando en sus propias clases particulares. Pronto se volvió tan popular que después de llenar el cupo máximo de 70 personas del salón de baile, tuvo que abrir un segundo turno también lleno de otras 70 personas:

Señoras, señores y jóvenes, todos querían estar en sus clases.

Incluso aplico la estrategia de no permitir el acceso a quien no estuviera inscrito en la lista, ha y además tenías que cuidar tu lugar, porque si se llenaban antes, con las 70 personas que era el cupo máximo del lugar, tenias que hacer fila y esperar tu turno hasta la segunda clase.

Se me hacía increíble ver, cómo la gente hacía fila para esperar su turno para la clase que seguía, muchas mujeres no les importaba sí llovía o hacía frío, ellas simplemente cuidaban su lugar.

La gente en verdad pagaba su semana completa, para poder tener el privilegio de estar en esa clase.

Yo creo que el éxito de todo, era que el costo de las clases no era muy elevado, y la gente sudaba literal como sopa.

En pocas semanas creo de la nada, un negocio rentable, más o menos has cuentas, si ya tenía dos turnos de 70 personas, es decir 140 personas en sus dos clases por $5 pesos que cobraba, son 140 personas x $5 pesos = a $700 pesos diarios, por 5 días a la semana son $3,500 pesos trabajando únicamente dos horas, de lunes a viernes y descansando fines de semana.

Eso sin añadir la venta de las playeras y discos, que vendía al terminar su clase.

Es decir que al final del mes, él tenía muchas fuentes de ingreso: Una como Instructor de su Taller, dos, en la venta de ropa deportiva, tres, los discos de música electrónica especializados para hacer Fitness, y cuatro, su sueldo base por su empleo de administrador en la empresa por las mañanas.

Era un negocio Súper Rentable, imagínate cada sábado el acudía a sus clases de entrenador fitness, y lo que sabía lo aplicaba toda la semana siguiente con sus alumnos, la música se la daban en la misma escuela, así que no gastaba tiempo en hacerla.

Además siempre fue súper honesto con sus alumnos, el decía que no era un experto, y que estaba todavía yendo a clases para aprender, cómo ser un gran entrenador, y que él solo aplicaba lo que en la escuela le enseñaban.

Esto fue sin querer un gran hit (golpe o impacto) de mercadotecnia, y promoción para su taller, porque mucha gente pagaba con gusto su clase para apoyar la buena obra del maestro.

Era como un ganar - ganar:

> **"YO TE APOYO Y TU ME APOYAS**
>
> **(GANAR - GANAR)"**

EL UNIFORME

El uniforme, llamémoslo así, o la ropa que usas para representar lo que haces, siempre te ayudará a vender más, y que a la gente le dé todavía más confianza comprarte.

Mis amigos músicos por ejemplo, siempre visten de traje y con moñito, se ven súper elegantes, y en la parte de atrás de sus sacos bordaron el nombre de la banda a la que representan.

Imagínate un Mariachi, estás de acuerdo que no sería un Mariachi completo sin el traje de charro correspondiente y el sombrero.

Creo que no me imagino y siento que no sería de mi agrado que llegara el Mariachi a mi casa, ya con todos mis invitados, listos para la música y que el Mariachi estuviera vestido de mezclilla.

¿Ves lo que digo? Podrían tocar y cantar muy bien pero sin el traje de charro, siento en lo más profundo de mi corazón, como que algo les está faltando, ¿no crees?

Cuando yo era niño me encantaba ir a un cine en especial...

Un cine enorme que lo convirtieron en un ¡Castillo por Fuera! lleno de personajes e imágenes de tus películas favoritas infantiles. Era como si estuviéramos en la plaza de las estrellas pero para niños, era hermoso.

Incluso había estrellas en el piso, con el nombre de los personajes, ya sabes así tipo Hollywood y tú las podías tocar y pararte ahí.

Me encantaba ir a ese cine, además que a lado había una juguetería enorme.

Mi familia y yo siempre que llegábamos, entrabamos primero a la juguetería, comprábamos un helado y nos íbamos directo al cine.

Todos los que trabajaban ahí vestían de gorrita y playera con el logo del "Cine De La Magia". Incluso cuando había estrenos, algunos empleados vestían como los personajes de la película.

MERCADOTECNIA PURA:

> La vestimenta, los logos, las estrellas y la forma que tiene de castillo el cine, es mercadotecnia pura para atraer a los clientes, sobre todo a los niños, ¿y por qué no? también a los adultos y su niño interior.
>
> **TODO ESTO VENDE.**

UNA SONRISA ABRE LAS PUERTAS DEL MUNDO

Eso es cierto después de la vestimenta, lo que hará que le agrades más a una persona, es una buena sonrisa y un saludo confiable.

Es muy probable que de un principio la gente no te dé la mano, pero con una buena sonrisa y un saludo alegre y cordial, puedes abrir el diálogo para lograr la venta.

El servicio y la amabilidad es primero, no sabes cuantos vendedores veo, que saben esto pero no lo aplican; primero llegan con el cliente, saludan muy amablemente, sonriente e incluso le cuentan un chiste, y el cliente se ríe, caen bien, pero al final si no cierran la venta, se enojan, echan de habladas y se van muy disgustados diciendo cosas entre dientes, como si el cliente no los escuchara. Esto es muy malo, porque dejas una mala impresión de falsedad al cliente.

Éste luego, luego piensa: - ese vendedor o vendedora no era sincero, solo se portaba amable para que yo le comprara, pero como no quise, se fue muy enojado, como si comprarle aunque yo no quisiera, fuera forzoso.

- Y habrás perdido un cliente que tal vez en ese momento no necesitaba tu producto, pero tú no sabes si más adelante sí, y tú lo habrás ahuyentado con tus malos modos. Recuerda:

"TODOS NECESITAMOS DE TODOS"

Si actúas así, aunque no lo creas la gente si se acuerda de ti, aunque tú no te acuerdes de ellos. Tú como vendedor ves y hablas con millones de personas al día, pero de lo que más se acuerda un cliente de ti, es de una mala experiencia, del mal servicio o de una mala venta. Jamás te enojes, ni hables entre dientes si no realizas la venta.

Esto es un gran error, no sabes cuantas veces la gente me ha dicho que no, y algunos instantes después me dicen que sí.

Me ha pasado, que incluso algunos clientes hasta la quinta vez que los he visitado me dicen que si, cuatro veces seguidas me dijeron que no, y hasta la 5ª vez ya están pre- dispuestos a decirme que sí, a comprarme y adquirir mi servicio.

> "LA GENTE NO SABE QUE NECESITA UN PRODUCTO HASTA QUE SE GENERA UNA NECESIDAD..."

Tienes que encontrar el momento justo donde el cliente se sienta a gusto para comprarte. Nunca pierdas la fe. Tú has bien tu trabajo y el cliente regresara a ti.

Por cada cliente satisfecho por lo menos hay 3 clientes nuevos a los cuales este cliente te recomendará…

Pero piensa que por cada venta mala que realices hay por lo menos 10 clientes nuevos con los que este mismo cliente te puede mencionar... pero con una mala recomendación ante los demás... Es más fácil que el cliente se quede en su mente una mala recomendación.

Es decir que por cada cliente satisfecho hay 3 posibles nuevas ventas.

Y por cada cliente insatisfecho hay 10 ventas que tal vez no se logren, solo, por una mala actitud o una mala recomendación por parte de ese mismo cliente.

Una vez sentí tan bonito, porque llegó una familia que les gustaba mucho mi música.

Pero me dijeron que en esa ocasión no me contratarían, porque el abuelo de ellos estaba muy enfermo en el hospital, y a él, es a quién le gusta la música en vivo.

Yo les dije que no se preocuparán, que si gustaban, podíamos hacer una vídeo llamada con el abuelito, y yo le cantaría en vivo.

Así le hicimos, me pidieron un bolero muy antaño pero muy bonito de los que cantaban en las serenatas en las películas del cine de oro mexicano.

El abuelito se veía muy contento en el teléfono.

Me dijeron que ¿cuánto me debían $$$? y yo les dije que por el momento no era nada, que cuando se recuperará el abuelito lo trajeran a comer al restaurante y ahí sí, me pidieran muchísimas canciones más (Hay que sembrar amor para cosechar amor).

Para mi sorpresa dos semanas después regresaron toda la familia, incluido el abuelito y en agradecimiento, me contrato la familia toda la tarde.

Esa fue una experiencia muy agradable, aunque en el trabajo también hay experiencias que no son muy de mi agrado pero te hacen crecer como persona y para no repetirlas jamás, como la siguiente anécdota:

Recuerdo perfectamente como trabajando con el que era mi jefe, un señor de edad avanzada, muy cascarrabias por cierto, nos habían pedido tres canciones por $200 pesos, al final de esas tres canciones la clienta estaba tan contenta, que me dijo que por favor, como ese día estaban sus hermanos en la fiesta, le regalábamos una canción más. En ese momento le dije a mi jefe lo que me comentó la señora, que si le regalábamos "La Bamba" porque esa canción les gustaba a sus hermanos y a la señora.

A lo que mi jefe me contestó muy enojado y con voz fuerte:

– ¿estás loco? yo no regalo mi trabajo a nadie. Si quieres cántala tú, pero yo no. - Me morí de la pena pues mi jefe hablo muy fuerte y la clienta escucho todo. Ella me hablo y me dijo: - mira, a ti te vuelvo a contratar por simpático y atento, pero a ese señor (es decir mi jefe) en la vida lo vuelvo a contratar. Como ves una mala impresión cuesta mucho solucionar. Nos costó más de 1 año para que esa señora nos volviera a contratar.

¿Coincidencia? No lo creo.

Las recomendaciones que las personas te hacen en tu canal o página virtual eso es diferente y es bueno, ahí la gente de manera anónima y online te puede hacer comentarios positivos o negativos sobre si le gusto o no tu producto, si se lo entregaron a tiempo o si el vendedor fue amable con el comprador, de todos esos comentarios toma nota y mejora tu venta o tu producto.

Como el siguiente comentario, ejemplo:

Me encantó irme de vacaciones a la mejor playa de mi México. Mucho glamur.

Todo un paraíso, un Gran Servicio, grandes banquetes, grandiosa comida, excelentes playas y atracciones turísticas. ¿Sabes con qué me quedaron debiendo en algunos lugares...? con la sonrisa y con las gracias vuelva pronto.

Todo estuvo excelente, pero esas simples palabras mágicas lo mejoran todo. Como dicen "lo cortés no quita lo valiente" y una buena sonrisa te enamora para siempre. Que viva mi México sus hermosas playas y su gente. (Anónimo)

DALES UNA PROBADITA DE TU TALENTO

Me encanta esta parte del trabajo, aquí es donde descubres quien sí y quien no es tu cliente potencial.

Me encanta porque cuando les doy una prueba de mi talento puedo ver cómo reacciona la gente, en mi caso soy músico y mi prueba de talento es cantar una canción al aire libre antes de pasar a las mesas a ofrecer mi trabajo.

Lo hago por dos cosas, una para llamar la atención del cliente y sepa que hay calidad en lo que vendo, y dos para descubrir quién o quiénes pueden ser mis mejores prospectos para ser mis clientes. Es decir a quien tengo más posibilidades de venderle.

Es como arrojar un pequeño anzuelo, para que ese quien lo atrape, me compre.

Es muy divertido, porque al cantar, al mismo tiempo estoy analizando a la gente: como viste, que tipo de música es la que le puede gustar...

Como saben yo canto de muchos géneros y no a todas las personas les gusta lo mismo.

Algunos incluso se esconden, como que se encojen cuando los volteo a ver. Si veo que se tapan los oídos o buscan su celular, como para disimular que no me escuchan, esos clientes es casi seguro que no me contratarán.

Pero a ellos también los invito a que me contraten después, para que sean mis próximos clientes.

Normalmente si me dicen que no, les digo que no se preocupen que nos vemos en el postre, o que por favor nos recomienden, que ahí en el restaurante tenemos música en vivo y algún familiar le puede interesar.

Algún cumpleaños, algún bautizo etc.

Me ha pasado que muchos de estos clientes si no me contratan, me traen a algún amigo y familiar que si gusta de mi producto que es la música.

Hay incluso algunos clientes que cuando les quito la mirada, siento que toman confianza y voltean hacia mí, me están mirando, eso quiere decir que si les gusta mi trabajo.

Algunos hasta cantan conmigo, esos son los clientes más potenciales que encuentro.

Por ejemplo una vez, entró un muchacho con una chica, le ofrecí mis canciones y me dijo que no, que en ese momento no traía dinero.

Me dijo que él, solo se metió al restaurante para escucharme cantar a mí, en vivo, por lo cual yo insistí, entonces contratarme le dije, me puedes contratar desde una canción.

Él me dijo que no, pero que después regresaría con muchísimo dinero y me contrataría.

Lo cumplió, tiempo después regresó, después de 6 meses volvió al restaurante con una chica súper guapa, la cual me dijo que era su novia. Me contrato 5 horas seguidas, ahí mismo en el restaurante.

Se volvió uno de mis mejores clientes.

Cada media hora me pedía la misma canción "El Rey" (de José Alfredo Jiménez) y se pavoneaba y ventilaba su cara con el fajo de billetes que traía.

Yo no sé si le pagaron muy bien o pidió su préstamo al banco, pero cantaba conmigo feliz y a todo pulmón la música de mariachi y aventaba billetes de a $500 pesos por toda la mesa. Estaba feliz y yo también, porque ese día me pagó muy bien por mi trabajo.

Al final me dijo: - ¿te acuerdas que te dije que un día vendría con mi novia y cantaría contigo toda la tarde? ¡Pues ese día es hoy!

- Como ves jamás ay que despreciar a ningún cliente, no importa cómo vista o la edad que tenga. Si no te contratan, simplemente diles bueno ya será para la próxima gracias.

A veces además de vendedor y músico me ha tocado trabajar de psicólogo o de oyente.

Hubo un cliente que venía muy triste, me pidió que me sentará a su mesa, que me iba a pagar lo que sea pero que por favor lo escuchara. Yo le dije que sí.

Al estar en su mesa me dijo que se sentía muy triste porque siempre iba él a ese restaurante, me escuchaba cantar y nunca me contrataba y entonces… ¡zaz! se echo a llorar. Pobre de verdad estaba muy mal y yo quería ayudarlo, le pregunté qué ¿qué le ocurría? Y me dijo que él era dueño de una empresa muy importante y que se sentía muy triste porque ese año fiscal no le había ido muy bien en sus ventas y su empresa estaba quebrando.

Además que al día siguiente debía de despedir a más de 200 personas de su empleo (las personas que trabajaban para él).

Él estaba muy triste, inconsolable, y ya un poco tomado. Quería ahogar sus penas en alcohol y en canciones, pero necesitaba que alguien lo escuchara:

Así que yo lo escuche... (No todo es dinero...)

Me contó como sufría, pues sabía que los tenía que despedir a todos muy pronto.

Yo simplemente lo escuche, y le dije ¿te puedo dar un consejo si me lo permites? él dijo que sí. Entiendo que necesitas despedir a toda esa gente para que tu empresa sobreviva, le dije, pero tus empleados son el corazón y el motor de tu empresa.

Si es inevitable que los tienes que despedir, te pido por favor que hables con ellos antes de hacerlo.

Ellos merecen saber el motivo de sus despidos y prepararse, ellos y sus familias pues tendrán que buscar otro empleo. Mi cliente se sintió aliviado y prometió que haría lo conversado.

Cuatro meses después lo volví a ver... fue a celebrar a mi restaurante donde trabajo. Me contó que al día siguiente que habló conmigo. Hizo una junta de emergencia y pidió que estuvieran presentes todos los empleados.

Les explicó que por falta de recursos, la empresa debía cerrar y liquidar a todos sus empleados, que sentía mucho despedirlos pero ya no podía pagarles más que la quincena que venía y ya no más. Pues no había recursos para sacar el producto y pagarles a los trabajadores.

Los empleados no querían dejar sus trabajos, amaban trabajar para esa empresa, muchos llevaban años trabajando ahí. Así que después de platicar entre ellos llegaron a un mutuo acuerdo. Trabajarían ese mes incluso sin cobrar su última quincena de mes, si es posible hasta horas extras pero, lograrán sacar todo el producto que la empresa necesitaba para subsistir.

Así quedaron, la empresa salió a delante gracias al amor y esfuerzo de todos sus trabajadores. Lograron sacar el producto a tiempo y mi cliente el dueño de la empresa les pudo pagar a todos sus empleados lo que les debía. Él en agradecimiento regalo despensas a sus empleados más destacados en la Navidad siguiente.

No temas mostrar tu talento, muchos que son de mi competencia solo tocan un poquito, media canción y ya pasan a ofrecer canciones, pero eso no está bien, es como saborease un postre y luego que te lo quiten, se pierde la emoción.

Yo prefiero tocar una canción completa, sorprender a mi cliente y ahora si, a ofrecer mi producto, ir a la segura. Yo le llamo recoger lo que sembraste.

"SIEMPRE RECOGERÁS LO QUE SEMBRASTE"

Ofrecer un poco de tu talento o producto es muy bueno y esto lo saben los Chinos expertos vendedores. Ves que cuando estás en una plaza comercial y pasas a mirar que cosas hay para comer, siempre en la comida china, te dan una prueba de su pollo agridulce, una bolita de comida en un pequeño palillo.

Esto es un gran truco de mercadotecnia, ya estás ahí, probaste su comida y hay un 95% de que les compres a ellos y no ha otros por el compromiso de que aceptaste su comida.

Además si de por sí, ya tenias hambre, esa bolita de pollo te abrió más el apetito y tu cerebro dice - si, si a comer ya no busques más, ¡come!

- Es un gran truco para vender, todas las empresas de comida rápida tienen uno.

Pero de eso hablaremos más adelante.

LA GENTE ESTÁ PREDISPUESTA A DECIRTE QUE NO

La gente está predispuesta a decirte que no, no te preocupes y persevera.

"APRENDE A VENDER"

Algo que me marcó para siempre es el "APRENDER A VENDER" de verdad, no importa a qué te dediques, podrás ser súper profesional en lo que haces, con muchísimos estudios. Pero si no sabes vender, literal no haces nada, o siempre tendrás que estar de empleado de alguien más.

Además algo que jamás te enseñan en la escuela es aprender a vender.

Y aunque no lo creas todos, absolutamente TODOS VENDEMOS ALGO, tal vez sea un servicio un producto, una consulta etc. Todos intercambiamos tiempo por dinero. Algunos más de 8 horas seguidas en un trabajo que no les gusta, por un sueldo que apenas les alcanza para vivir. ¡Eso sí es esclavitud!

Si ese es tu caso amigo amiga te urge aprender a vender y este es el libro para lograrlo.

Lo primero NO LE TENGAS MIEDO AL FAMOSO NO...

De verdad que es horrible, para mí era muy fácil pararme en un escenario y cantar, como se debe una canción. Pero bajarme del escenario y ofrecer mi trabajo de mesa en mesa. Era terrible.

Me daba muchísimo miedo.

> **"TODOS VENDEMOS ALGO"**

Recuerdo que mi Jefe de Músicos era un cascarrabias, además que me explotaba porque siempre se quedaba con mis propinas y con el 70% de mis ganancias. Yo conseguía los clientes y él se quedaba con todo. Por eso tuve que aprender a vender.

Recuerdo que fui un lunes al restaurante, me fui yo solo a cantar y vender mis canciones. La primera vez me costó mucho trabajo y pena. Hice todo bien, cante la mejor canción que me sabía, me aplaudieron, y me acerque a un cliente que se veía buena onda a ofrecer mi producto.

Me presente:

(Hola soy: <u>**FRANCISCO DI EMMANUEL**</u> y seré tu cantautor de esta tarde...) le ofrecí mi trabajo, y él me dijo que sí.

Para colmo, como siempre, te piden la canción que menos te sabes. Pero como era ese mi primer cliente le dije que sí. Fui al internet en mi teléfono inteligente, a escuchar la canción que me pidió y regrese con el cliente.

Me dijo que esa, era su canción favorita, que si la tenía, si me contrataba, pero si no era esa, pues no.

Bueno se la cante como pude, estaba tan preocupado por mi desempeño que la verdad me salió terrible.

Cuando terminé la canción estaba tan nervioso. Que el cliente me dijo: - la verdad no te salió también he, pero… hiciste tu mejor esfuerzo, incluso la buscaste en internet.

Así que te la pagaré. - Me dio un billete mediano, le di las gracias y con ese mismo billete salí corriendo, pero para mi casa de la vergüenza. ¿Por qué? sí de las 1,000 canciones que me sé, ¿por qué precisamente me pidió una que no me sabía? ¿Por qué?!!!.

La verdad es que es una experiencia, y yo esa canción sinceramente no la tenía trabajada. Además era el primer cliente y con él que yo quería hacer una venta, estaba completamente solo. No era vender lo que me daba vergüenza, lo que me daba pena y mucho miedo es al posible rechazo, a "los no gracias, por el momento yo creo que no, no tengo cambio, al ratito, a la vuelta, etc. etc. etc." ¿Has escuchado alguna vez algo así? Levanta tu mano por favor si es así, para no sentir que soy el único… gracias.

Total miles de pretextos que la gente te pone para decirte que no.

Algunos incluso me decían no tengo cambio o te compro al ratito, al ratito volvía a preguntarles y me decían ahora si al ratito, cuando volvía al ratito... ya se habían dado a la fuga y nunca me compraron.

De verdad hay gente que no sabe decirte que no, y te traen vuelta y vuelta, con la esperanza de que te vayan a comprar algo.

¿Por qué hacen eso? Yo creo que te ven tan amable que no saben cómo decirte que no, les da pena decirte que no les interesa en ese momento tu producto. Pero no quieren herir tus sentimientos por eso te dicen el famoso al ratito... Y te traen vuelta y vuelta...

No hagan eso por favor.

Hoy cuando la gente me dice: - no gracias no tengo cambio…

-Yo les digo, No se preocupe ya soy empresario… ¡Aquí está mi terminal!

> **"SUPÉRATE A TI MISMO"**

Mi trabajo cambió muchísimo de ser un Artista tuve que literal aprender a CÓMO VENDER.

Me leí muchísimos libros de ventas, fui a conferencias con los mejores vendedores del mundo, pero lo que me convirtió en un gran vendedor fue la misma práctica de vender.

Jamás alcanzarás las suculentas ganancias que te mereces si no le pierdes el miedo a vender.

Vender no es malo simplemente vender es el intercambio de un bien por otro bien o servicio.

Pronto aprendí muchísimo de ventas. Incluso trabajé en mi <u>**SPEECH**</u> (Mi discurso de ventas). Cuando veía algún cliente con una copa de vino le decía. Buenas noches Señor nos dicen los genios… El cliente contestaba -¿por qué? – porque destapan una botella y aparecemos nosotros como por arte de magia…

Le caías bien al cliente, algunos hasta se reían de mí ocurrente comentario tan bonito que acababa de decir.

¿La gente te tomó confianza...? Ahora si es momento de venderles tu producto.

"TRABAJA EN TU SPEECH"

Normalmente si tu llegas a vender, como tal a vender, la gente está predispuesta a decirte que no, incluso antes de que les digas tu discurso la gente ya pensó en cómo rechazar tu oferta.

Hay miles de vendedores en el mundo, tanto que la gente ya incluso está súper predispuesta a decirte que no.

Perciben tu olor a vendedor.

¡Ojo! dije que hay miles de vendedores en el mundo...

> **"PERO NINGUNO COMO TÚ...**
>
> **Por eso tú tienes que hacer la diferencia"**

Sé necesitan buenos vendedores en este mundo.

Mis ventas más sencillas y fáciles han sido cuando no intento vender. O cuando vendo sin vender, por ejemplo busco que es lo que la gente podría querer, analizo cuáles son sus necesidades. Si veo una pareja con un bebé o un niño. No llego y les digo: buenas tardes mira tengo muchas canciones para niños, este es el menú musical y me sé está y me sé la otra, no. Normalmente ¿sabes lo que me van a decir? No gracias.

El secreto en cambio, es que miro que traen a un bebé, entonces la prioridad es el bebé, le vendo al bebé. ¿Cómo lo hago?

Muy fácil, no digo nada y le canto una canción bonita para niños, es decir le vendo al niño sin decirle nada, le canto al bebé, normalmente al niño o la niña le gusta la canción y mueve la cabeza de arriba abajo, o baila, o aplaude, o se ríe, el niño está feliz. Y si tú tienes un detalle con los niños, normalmente los papás tienen un detalle contigo, que se resume en dinero o ganancia.

Ok termina la canción, el niño está feliz, y ahora sí, me acerco a la mesa, normalmente los papás me dan un billete o me contratan 3 canciones o más. Ves hice una venta sin vender.

"VÉNDELE A LA PERSONA CORRECTA"

Está herramienta de venderle a la persona correcta, como al niño en el ejemplo anterior, lo aprendí cuando trabajé para una cadena muy grande de cines, ahí el negocio no es la venta de boletos, pues la mayoría de las ganancias se las llevan los creadores de películas y distribuidores.

La ganancia para los cines y el personal de los cines, en realidad es la venta de las palomitas, golosinas y refrescos que venden dentro de los mismos cines.

Al llegar a comprar a la dulcería, no le tienes que vender al novio, véndele a la chica que viene con él. Este último le comprará todo lo que pida la novia, pues el chico quiere quedar bien con la chica.

Lo mismo ocurre con los niños, cuando llegan los papás a comprar, no le vendas a los papás véndele al niño. Los papás comprarán lo que sea con tal de que su hijo o hija esté contento y tranquilo para ver la película.

"TEN ALGO EN COMÚN CON EL CLIENTE"

Muchas veces he logrado una venta grande sin vender. Llegué un día a ofrecerles mis servicios, a una mesa de una familia de muchos integrantes. Luego, luego, me dijeron que no, les dije no quiero ser indiscreto pero que bonitos uniformes tienen los niños, ¿De qué club son?, a lo que me dijeron:

- No somos de ningún club, son nuestras playeras de la iglesia, nosotros servimos a Dios desde niños. - Yo fui muy sincero y les dije yo también sirvo a Dios (cada trabajo que hago se lo dedico a él, a mi poder superior) y cada domingo canto en la iglesia cerca de mi casa.

Supongo que sintieron confianza, yo fui sincero con mis palabras, no solo por vender, en verdad yo también creo en un poder superior y apoyo a la comunidad de mi iglesia. Creo que ellos sintieron una gran confianza en mí y que teníamos algo en común, porque esa misma tarde me contrataron como doce canciones o más.

> **"SIEMPRE SÉ UN VENDEDOR HONESTO Y SINCERO"**

Empecé mi carrera en ventas desde muy joven, y unos de mis primeros trabajos formales en ventas era "Vendedor de Muebles y Línea Blanca"

Me gustaba mucho ese trabajo, aprendí muchísimas cosas en él, y muchas de esas cosas se las debo a mi Jefe de piso, era un señor como de 1.60 de altura, muy flaco pero correoso y de una edad avanzada, por eso le decíamos de cariño el abuelito, aún tenía su cabello negro, con muy pocas canas, pero siempre sospechábamos que se pintaba el pelo.

Les confieso que cuando llegué por primera vez a esa empresa yo solicité el trabajo de vendedor en cajas, pero si de por si siempre me he visto más joven de lo que soy, cuando llegué a solicitar empleo tenía recién cumplidos mis 18 años, así que todavía me veía más joven y el Gerente de recursos humanos, me puso un reto.

Me dijo que si aceptaba el trabajo en muebles y línea blanca y él veía que tenía empeño y dedicación en 6 meses.

El mismo Gerente de recursos, buscaría la manera de cambiarme al departamento de cajas.

Yo le dije qué -¿qué es lo que debería a hacer?

Y él me dijo: - pues primero te tienes que ganar tu plaza

-¿Cómo? Conteste ¿Es decir que no tengo el trabajo seguro?

-Claro que no, te lo tienes que ganar, todos los trabajadores empiezan así, y tú vas a uno de los mejores departamentos de ventas de esta empresa.

Así que estarás un mes de prueba. Si tu jefe me da buenas recomendaciones de ti, extenderé tu contrato a 3 meses más y si pasas la el periodo de prueba, entonces y solo entonces tendrás tu plaza.

-¿Y qué pasará con el departamento de cajas? Pregunté

-Después de que pases todo ese proceso y dependiendo a cómo te hayas desempeñado en un máximo de 6 meses te podré pasar a cajas.

-Está bien, Acepto, conteste y le di la mano con un fuerte apretón.

Al principio no pensé que fuera necesario tanto procedimiento para pasarme al departamento que yo deseaba, pero ahora creo que lo que hizo el Gerente de Recursos Humanos, fue lo mejor, no solamente contrato a una persona como yo que quería aprender y trabajar muy duro, sino que también me dio la motivación necesaria para lograr todas mis metas en conjunto con la empresa, y una persona motivada puede lograr lo que sea.

Aprendí muchísimas cosas, pero lo que más me sirvió fue aprender a vender de persona a persona.

Es horrible cuando un cliente va a un centro comercial, interesado por un artículo en específico y el vendedor de piso no ha hecho su tarea, es decir no sabe nada de los productos que ve con él día con día.

Los acomoda, los limpia del polvo, los ofrece al público y cuando por fin le preguntas por un detalle técnico ¡NO SABE NADA! Siempre te dice, déjeme ver, y le busca, y le busca a la caja (eso quiere decir que no ha estudiado su producto) o te dice espéreme tantito voy a hablarle al encargado del departamento, y va y nunca vuelve, ¿por qué? porque él es el encargado de piso y no tiene ni idea.

¿Te ha pasado? Pues en esta empresa no era así, y sí tiene que ver mucho con el trabajador, yo estaba súper motivado por aprender todo sobre mi departamento y mi producto pues quería ganarme esa plaza. Yo creo que por eso le caí bien al abuelito (mi Jefe) y me enseño todo lo que sabía. Así como lo mirabas de flaco y viejito, se cargaba los refrigeradores más altos, él solito, el decía que no era fuerza sino maña al cargar, y tenía razón.

Claro siempre andábamos con faja y nuestro equipo de seguridad para cargar seguros dentro de bodega. Y una camisa aparte, siempre limpia para salir al piso de ventas.

Me gustaba mucho porque aparte de vender colchones, lavadoras y refrigeradores, nos llegaban los muebles desarmados y nosotros los teníamos que armar para dejar uno de muestra.

Esto nos ayudaba mucho, porque la gente que iba a comprar nos daba buenas propinas si le amarrábamos su colchón al techo y aún mejor si le armábamos un mueble completo y se lo mandábamos así, armado a su casa. La gente pagaba bien por ahorrarse algo de tiempo y trabajo.

Mucha gente iba y preguntaba especialmente por mí, incluso se aprendían mi nombre, y no dejaban que otro vendedor los atendiera, y es que la honestidad es sumamente importante a la hora de vender.

Me pasaba que otros vendedores siempre trataban de venderle el producto más caro al cliente, cuando este realmente no buscaba eso, o no se ajustaba a su presupuesto.

O muchas veces mentían a la hora de vender, sumándole aplicaciones adicionales al producto que en realidad no tenía. Eso era realmente malo porque el cliente regresaba el producto a la tienda al descubrir que en realidad su aparato no hacia lo que decía el vendedor. Eso nos generaba perdidas y mala reputación por culpa de otros malos vendedores. Así que la regla número #1 a la hora de vender es ser siempre honesto. No tiene caso mentir por querer hacer una venta, a la gente la podrás engañar una vez, pero jamás volverán a confiar en ti y por ende jamás te volverán a comprar nada.

La confianza es muy importante y yo creo que por eso se acercaban a mí.

Siempre que venían los promotores, yo me acercaba a ellos para escuchar como vendían su producto y las características que este tenía, además el tiempo que pasaba libre me leía los instructivos de los aparatos en venta para aprender cómo se utilizaban, y poder explicarle bien al cliente sus funciones.

Lo más importante, siempre vendía al cliente lo que realmente me pedían sus necesidades.

Por ejemplo si me pedían una lavadora de 5 kilos con chorros de agua sin aspas, pero la señora me decía que su marido era mecánico y quería usar la lavadora para meter ahí los pantalones de mezclilla, esa lavadora no le iba a servir. Entonces le ofrecía lo que ella necesitaba y le explicaba el por qué.

Yo le decía: mire si gusta yo le puedo vender esta lavadora, pero en realidad no le servirá para lo que usted necesita, porque no tiene aspas y su capacidad de ropa es muy limitada, está es para ropa sencilla, camisas o ropa de bebé.

"PREMIO A LA HONESTIDAD"

Yo le ofrezco esta, que vale un poco más pero tiene la capacidad y el poder que usted ocupa para que pueda lavar esos pantalones tan pesados de mezclilla. Tal vez ese día no vendí esa lavadora tan pequeña, pero en 5 días regreso la misma señora a mí y me pidió la lavadora más grande que tenía.

Si lo resumes en ganancias al ser honesto, gané más, porque mantuve a un cliente contento y al final la señora se llevo la lavadora más grande, entonces la comisión fue más grande para mí. Una vez más fue un gran ganar - ganar

Por eso es muy importante que siempre seas honesto con tu cliente.

"PREMIO A LA SINCERIDAD"

NO ES LO QUE DICES SI NO CÓMO LO DICES

Como viste en el capítulo pasado la gente está predispuesta a decirte que no, ya están auto-programados así, es como un mecanismo de defensa, si lo quieren, harán todo para conseguirlo, pero si no lo quieren.

Es tu trabajo hacer que cambien de opinión.

Para eso es bueno que practiques un buen speech o discurso, sobre todo algo simpático y que caiga bien. Algo que te permita acercarte al cliente sin que salga despavorido.

Una vez llego a mí un joven muy simpático, sin embargo como soy un vendedor con ojo experto, antes de que se acercara a mí, ya sabía que algo me quería vender. Pero por curiosidad profesional dejé que hablara.

Se veía que había tomado un curso de ventas o alguien le estaba enseñando a vender porque su discurso era calcado a otros que ya he escuchado.

Sin embargo a simple vista, el muchacho era amable y atento, punto bueno para él, su vestimenta era juvenil pero limpio y bien arreglado. Todo muy bien excepto el discurso… Empezó así: – ¿Disculpa te puedo pedir un favor?- Eso hizo que me detuviera, a prestarle atención, hasta ahí muy bien, - Veo que eres una persona muy atractiva, creo que eres muy guapo, ¿quisieras salir conmigo? - No gracias le dije, y él me contestó – No, no es cierto es que mira soy un joven emprendedor que está vendiendo estas paletitas para ayudarse un poco en esta economía. - Sacó unas paletas súper feas y caras. ¿Y cuánto valen le pregunte? - Una $20 pesos 3 piezas por $50. - Terminé diciéndole no gracias es que apenas voy a la chamba (tal vez le hubiera comprado una paleta para ayudarle, pero en realidad no quería sus paletas a simple vista daban pena se veían horribles) Mejor decidí ayudarle, dicen que no le des el pescado, enséñale a pescar, y yo le enseñe a pescar un pez muy gordo, que le daría de comer toda su vida, "El saber vender" Regresé con el muchacho y le dije ¿disculpa te puedo dar un consejo? Mira yo tuve que aprender el arte de vender desde muy chico y la verdad eres un muchacho muy simpático y se ve que te esfuerzas por aprender, me recuerdas un poco a mí en mis inicios, por eso quiero decirte esto: Tu vestimenta está muy bien, tú eres un muchacho muy carismático, el problema es tu discurso… Debes analizar a la persona a la que le vas a vender antes de interactuar con ella. Bien veamos, cuando me dijiste oye disculpa te puedo pedir un favor, llamaste toda mi atención, a la gente le gusta ayudar a otra como algo natural, eso estuvo muy bien. Sin embargo me perdiste cuando me adulaste de la forma incorrecta. Dijiste oye eres muy guapo ¿quisieras salir conmigo? Ahí me perdiste pues tu intención era hacer una broma, pero yo me sentí un poco acosado, además de que no te conozco y es raro que alguien en la calle te pida salir contigo sin siquiera conocerte. Además que no me analizaste en mi persona solo dijiste lo que te enseñaron en la escuela, pues yo soy hombre y no me atraen los muchachos, tal vez ese discurso podría funcionar para una chica, aunque tal vez también te rechace por el acoso a su persona.

Además ten cuidado porque tu discurso de broma puede ser mal interpretado y lo que queremos es no perder al cliente y que el discurso sea breve y conciso para que no se pierda su atención en ti y pasemos a la venta.

Creo que si lo que tu intención era caer bien por ejemplo podrías decir... "¡Oye que bien te ves se ve que te ejercitas!" o si fuera una señorita, oye que bonitos zapatos traes. Eso funciona más con el cliente, elogiar algo que veas que a esa persona le interesa, más que su cuerpo o su cara, las actividades que él o ella realizan son más convenientes. ¿Tú estudias? Le pregunté - Si

- Ok luego de que logres una sonrisa en el cliente ahora sí, introduce tu SPEECH de venta, en vez de decir algo como ayúdame porque ya no puedo más con esta economía (El cliente puede pensar pues yo tampoco pero mírame aquí estoy echándole ganas) Mejor dile: mira ten (y le entregas la paleta), tengo estas paletitas que estoy vendiendo, para ayudarme con los gastos de mis estudios. ¿Me puedes ayudar comprándome una o tres paletitas? Jamás le digas ¿me compras una paletita? Porque el cliente pensará entre un si o un no, pero sí en cambio le dices: ¿Me puedes comprar una o tres paletitas? Su mente pensará rápidamente entre solo esas dos opciones:

-¿Le compro una o tres? - Como sea él o ella ya estará pensando en comprarte.

Ahora es muy importante que le des el producto en la mano, somos personas sensoriales, si él o ella ya está tocando el producto, ya lo está sintiendo con sus manos, hay una posibilidad del 95% que te lo compre. Todas las cosas tienen una vibra especial, y crea deseo, aun no lo tiene, todavía no es suyo, pero lo puede tener, ahora sí ponle precio al artículo, él o ella ya desea lo que vendes. Ya imaginó si se lo va comer, o tal vez que le caíste del cielo porque es lo que necesitaba, porque ese dulce se lo va a regalar a alguien especial en su casa o en su trabajo, no lo sé, pero él o ella ya quiere tu producto. Ahora si ponle precio trata de vender las 3 piezas y cierra el trato: Una paleta para ti, una para tu mamá y una para tu novia.

Listo ya vendiste, ahora bendice a tu comprador y pídele que si les gustó tu producto, lo recomiende a otros.

El joven vendedor se fue muy contento y hasta me pidió asesorías por internet. Yo sé que él va a aplicar todo lo aprendido.

"DALE AL CLIENTE EL PRODUCTO EN SU MANO"

Esto de darle el producto en la mano es súper importante, me puedes platicar maravillas de tu producto, miles de historias, pero hasta que lo tenga en mi mano me puedo enamorar de él. Tu producto físico es tu herramienta de interacción:

USA TU HERRAMIENTA DE INTERACCIÓN

¿Cuál es tu herramienta de interacción?, es aquel producto muestra que le das a tu cliente para ayudarte a vender…

Que el cliente sepa que es lo que puede esperar de tu producto.

Este es muy variado y depende de mucho de lo que estés vendiendo.

> **"DALE A TU CLIENTE UNA PROBADITA DE TU TALENTO"**

Por ejemplo ¿has visto en los centros comerciales como existen demostradoras que preparan alimentos con la marca que venden? y te dan una probadita para que conozcas su producto, bueno pues esa probadita es su herramienta de interacción.

Tu pasas se te antoja y por ende pruebas, si te gusta, ahí mismo la señorita te ofrece paquetes de lo que está preparando y a veces hasta un artículo de regalo en la compra de dos, también (herramienta de interacción) para que conozcas otros sabores y consumas más de sus productos.

¿Qué si funciona? Claro que súper funciona, y los grandes vendedores lo saben…Un día saliendo de la chamba tenía mucha hambre, y pasando por un puesto de comida un señor daba pruebas de puerquitos (pan casero en forma de cerdito) me acerque a comer la muestra y pues claro compré.

Pero el señor no vendía uno, vendía bolsas de 5 piezas de puerquitos de pan, efectivamente mi antojo y mi hambre hizo que comprara una bolsa completa, me sirvió para comer y hasta para compartir.

> "SÍ NO TIENES UNA HERRAMIENTA DE INTERACCIÓN … CRÉALA"

La herramienta de interacción es súper poderosa para vender, recuerdas que te dije que un tiempo me dedicaba a la venta de música, bueno pues cuando cantaba una canción, me acercaba a la mesa y ofrecía mi producto:

Buenas noches gusta alguna canción para la señorita, le decía al cliente y le entregaba mi Menú musical, que es la lista de canciones que me sé.

(Mi herramienta de interacción) Él señor me recibía en su mano mi Menú musical y para reafirmar la venta aún antes de que escogiera alguna canción, le decía: Gracias Señor usted es un gran caballero, por favor dedíquele una canción bonita.

Ves lo que hice, cree un compromiso, el señor aún no sabe ni que canción va a escoger, pero ya la chica que está a lado, está deseosa y curiosa de saber que canción le va a dedicar el señor que viene con ella.

Con la emoción es difícil escoger una, no vienen a tu mente los nombres de las canciones más románticas, pero mi menú es una herramienta especial viene dividido en temas y en artistas para que sea más fácil dedicar una canción, incluso hay una sección que se llama "Serenatas", que ha ayudado a muchos de mis clientes a salir del aprieto y dedicar una buena canción que de verdad enamore a la dama.

Pero lo que realmente enamora a la dama, es que el caballero que tiene a lado le dedique una canción de corazón y la cante conmigo. Ya hay muy pocos caballeros que dediquen canciones de amor en vivo. Ahora se las dedican por medios electrónicos y a distancia, eso no tiene el mismo impacto que una canción en vivo y a todo color.

Recuerdo que un día se me había perdido mi herramienta de interacción (Mi Menú Musical) y había bastante gente en el restaurante pero lo raro es que nadie me pedía canciones.

Si cantaba una canción y pasaba a ofrecer, pero la gente normalmente en ese momento no se acuerda de los nombres de las canciones y no me pedían, no podía vender, porque no tenía conmigo mi herramienta de interacción.

Para una persona que ya consume tu producto, ya sabe que pedir y hasta sabe el orden de las canciones que te va a solicitar, pero para alguien nuevo, que apenas está conociendo tu producto, necesita de algo físico donde ver que es lo que estás ofreciendo. Sí tú se lo puedes decir, pero no es lo mismo que palparlo en tus manos. La herramienta de Interacción debe ser física, y debe poderse tocar, sentir o probar. De potra forma es difícil crear expectativa en tu cliente y más fácil de que rechace tu venta.

Literal al yo no tener mi herramienta, tuve que crear una.

Me salí del restaurante un momento, conseguí una pequeña libreta y pluma, y empecé a anotar todas las canciones que normalmente me pedían, las más conocidas y que yo sabía que el cliente se podía interesar.

Con esa misma libreta regrese con mi cliente, él que ya me había rechazado por no saber que pedir, y como por arte de magia, me contrató, yo le dije que me disculpara por la libreta, y que me sabía mucho más canciones, pero eso es lo que tenía por el momento. Funcionó porque con eso me contrato.

Al siguiente día imprimí el Nuevo Menú en mi computadora, ya renovado con las nuevas canciones, cada semana tenia tarea por lo menos me pedían una o dos canciones nuevas, con eso mi trabajo se volvió muy popular por que veían que yo sí me aprendía las canciones que me pedían.

Muchos de mi competencia compañeros músicos, le decían que si al cliente y no se aprendían las canciones.

Yo tengo una regla especial, si me pide el cliente una canción nueva y me comprometo con él, me la aprendo, sí para la siguiente ves que lo vea yo no me he aprendido su canción, le regalo 3 canciones más. Ya es un compromiso. Además esa misma regla me ha servido para hacerme de más clientes y un repertorio más amplio.

Me ha pasado que me aprendo la canción a la semana siguiente y el cliente no va, pero no importa porque de casualidad otro cliente me la pide y como yo si la tengo me la paga.

Cuando viene mi cliente antiguo se pone feliz, porque aunque ha pasado el tiempo, yo si cumplí y tengo el producto que él me solicitó. Y solo por ese detalle, ese cliente me vuelve a comprar y hasta me recomienda con otros clientes.

Esta regla de venta también la aplican los chinos. Si llega un comprador a pedir un producto y ellos no lo tienen, ya están buscando la manera de conseguirlo y tenerlo en sus tiendas.

Tu herramienta de interacción es algo muy importante.

Es algo tan sencillo de hacer, que solo toma un poco de tu tiempo realizar, pero te aseguro que si tú elaborarás tu herramienta de interacción lograrías muchísimo más ventas.

Que tienes que agregar: Solo tu catálogo de productos que vendes, con imágenes para que sea más atractivo a la vista si es posible y un teléfono para hacerte pedidos.

Si no sabes cómo realizarlo aquí te dejo un correo electrónico para que te comuniques con nosotros y te ayudamos a elaborarlo franciscodiemmanuel@gmail.com con mucho gusto y para que eleves tus ventas al máximo.

TU TALENTO TE PUEDE LLEVAR A VIAJAR POR TODO EL MUNDO

No sabes cómo esta simple herramienta me ha servido, porque al cliente le da un panorama más amplio de lo que vendes, incluso gracias a ese catálogo me salieron muchos eventos a domicilio, nacionales y fuera del país, clases de música particulares y muchos amigos por el mundo, todo gracias a ofrecer un teléfono celular y un sitio web donde la gente podía conocer más de mi trabajo.

Me pude ir a trabajar a Cancún a Guerrero a la Habana Cuba, Gracias a Dios, proyectos en Estados Unidos en los Cabos Baja California y la Ciudad de México, entre otros.

ACORDAR EL PRECIO DE TU PRODUCTO DESDE UN PRINCIPIO

Acordar el precio desde el inicio de tu interacción con el cliente, es de suma importancia y te quitara dolores de cabeza a ti y a tu cliente. Algo que en verdad amo son las ventas, porque gracias a ellas, es que pude elevar significativamente mis ganancias, muchísimo más claro a ser un simple empleado.

Al trabajar por mi cuenta, con mi propio equipo de trabajo, muchas veces pude decidir, cuánto es lo que yo deseaba ganar esa semana, sin embargo como dice el dicho "a mayor ganancia, mayor responsabilidad" yo tenía que encargarme del trato con el cliente, de la interacción y negociación con este y de cerrar los tratos.

Esto me fortaleció muchísimo como vendedor y me permitió ofrecer mejor calidad y precio a todos mis clientes.

Cuando vendes un producto físico en sí, cualquier mercancía que venga a tu mente, como ropa, telas, comida, alguna bebida etc. cualquiera que venga a tu mente. Esta última tiene un precio ya establecido para salir al mercado, es decir ya a la venta. Pero si tu giro de negocio es el entretenimiento, puede variar mucho el precio, todo depende de la calidad y el lugar donde ofrezcas tu producto.

Te lo voy a poner así, en el restaurante donde yo laboro es un restaurante de 5 estrellas ubicado en un centro turístico muy conocido del mismo centro del país, hay muchísima gente que se dedica a las ventas, comerciantes, artesanos, músicos callejeros, payasos, bailarines y actores.

Yo tengo la suerte de ser uno de los músicos selectos contratados por la empresa (La cadena restaurantera del centro).

Yo puedo ofrecer mis servicios al público, dentro y fuera de los dos restaurantes principales de la plaza.

Y como represento en parte a la Cadena Restaurantera por ende tengo que reflejar una gran imagen y profesionalismo, vestido de traje fino, corbata, y mi hermosa guitarra blanca...

(La güera) y el precio de nuestras canciones, bueno va de acuerdo al nivel de nuestros clientes. Sin embargo en la parte de afuera del restaurante, las mesas que están afuera en el área de fumar está expuesta a todos los vendedores ambulantes que dignamente se ganan la vida vendiendo sus productos.

Esto genera que exista una gran competencia. Por ejemplo vienen otro grupo de músicos y no cobran nada, solo pasan a pedir cooperación. Y esto genera, que debamos aclarar el precio de nuestras canciones antes de tocar.

Muchas veces al principio, cuando aún me daba pena o no sabía cómo decirle el precio de nuestras canciones al cliente, al final del trabajo hecho, me llevaba bastantes dolores de cabeza.

Pues nuestras canciones tienen un precio especial, pero si no lo acuerdas o lo aclaras bien desde un principio con el cliente, muchos de ellos me tomaban por sorpresa, y querían pagarme con una cooperación, cuando no es así en realidad su cuenta era mucho más grande. Nosotros ofrecemos un trabajo de primera calidad y no digo que este mal eso que hacen otros músicos de pedir cooperación, pero seamos sinceros, hay clientes que valoran tu trabajo y el esfuerzo y tiempo que conlleva aprenderte una canción, pero existen clientes que no, que incluso no te dan nada, o te dan muy poco, muy por debajo de lo que vale tu trabajo.

> "VALORA TU TRABAJO, PONLE EL PRECIO QUE SE MERECE"

Esto es un gran consejo para todos mis amigos que se dediquen al arte, valoren su trabajo, muchas veces disfrutamos tanto de hacer nuestro trabajo, que en realidad, no le ponemos el precio justo que se merece.

Si nosotros midiéramos en horas y en esfuerzo lo que conlleva realizar una obra de arte, muchas de nuestras obras de arte, serían invaluables, porque muchas de ellas son irrepetibles. Sin embargo para poder vivir de esto o comercializar nuestro arte, hay que ponerle un precio al público y si no sabes vender, seguramente y como siempre el cliente buscará la manera de regatearte (o renegociar) el precio.

Yo estudie en Bellas artes, por error de la computadora, yo quería música y me arrojo a artes. A mí me tocó ver como realizaban cuadros magníficos, esculturas extraordinaria y las malbarataban es decir aceptaban muy poco casi nada por sus obras. Esto no debe ser así, debes valorar tu arte y si no sabes vender, busca un agente especializado como yo que te pueda ayudar a promover y darle el precio justo que se merece tu obra. No me arrepiento de haber estado en esa escuela, aprendí muchas cosas bellas.

Recuerdo que un día llego un cliente a mí, era mexicano pero vivía en New York (Estados Unidos de América) hablaba en ingles, así que hice mi negociación con él en ingles:

-Hi nice to meet you ¿Would you like a song? (Hola, mucho gusto, ¿Le gustaría una canción?) le dije, él contesto que si y me gusto que me pidiera mucha música mexicana, sobre todo le gustaban mucho las canciones del inmortal Pedro Infante.

Ya haciendo amistad con él, me confesó lo que te acabo de decir, que él venía a México a comprar buen arte mexicano (artesanías y demás) por tres pesos (es decir muy poco dinero) aquí en México, y las vendía en Estados Unidos en muchísimos dólares.

Ese era su negocio.

Y todo porque en las escuelas arte no les enseñan a sus alumnos a vender. A venderse ellos como artesanos y a vender su arte por un precio justo.

Por eso es importantísimo que si tú eres un artista o tienes un amigo o familiar que se dedique a las artes, les regales un ejemplar de este libro. Para que aprendan a vender y no les vean la cara de ¿What?

No importa si eres bailarín, actor, músico, empresario, maestro, ingeniero, todos debemos aprender el arte de vender.

Un ingeniero en sí, ya está haciendo un arte nuevo al crear una nueva aplicación que ayude al mundo, usa tecnología sí, pero también es un arte hacer las cosas también como uno las puede hacer. Y si aprendes el arte de vender, te aseguro que tú obra, lo que tú hayas creado, no se quedará a consumir polvo, podrá salir a la luz y que el mundo la vea y disfrute de ella.

Yo me tarde mucho en empezar a escribir este libro, pero ahora salió a la luz y puede ayudarte a ti y a mí a que tengamos una vida mejor, una vida digna a través de las ventas.

Imagínate que cada uno de nosotros vendiéramos con dignidad lo que hacemos. Este mundo sería maravilloso. Cada uno de los servicios que pagamos serían de excelencia y siempre te recibirían con una sonrisa. Ya no habría gente disgustada por el mal servicio porque todos estaríamos haciendo lo que más nos apasiona y estaríamos recibiendo ganancias por ello...

Hubo una vez que una clienta muy guapa, me contestó, que ella no amaba su trabajo, que ella quería ser una gran bailarina, pero tuvo que dedicarse a otra cosa para alcanzar los bienes materiales que ella deseaba.

Desgraciadamente como ella hay mucha gente, que pasan horas interminables en un trabajo, que no les gusta, que no es lo suyo, pero lo hacen, por que reciben un pago al final de mes. Eso es torturar a tu propio ser.

Si estás personas aprendieran a vender, podrían incluso ganar muchísimo más de lo que ganan ahora y haciendo lo que les gusta.

Las primeras veces que empecé a trabajar de lo que a mí me gusta. No lo podía creer como tenía en mis manos las ganancias de hacer lo que me apasiona. Hacer lo que a ti te gusta y que a demás te paguen por ello es maravilloso. Al principio ni yo me lo creía pero es real. Requiere trabajo y aprender a vender…Si.

Pero es maravilloso que te paguen por lo que amas.

Y es que hay un dicho:

> "PARA YA NO VOLVER A TRABAJAR JAMÁS...
>
> TRABAJA EN LO QUE TE GUSTA"

Siento padrísimo cuando me pagan por cantar una canción, un concierto o dar una conferencia, por enseñar a vender a los demás es maravilloso.

Pero lo que más satisfacción te da, es que la gente reconozca tu trabajo. Y es que como realizas lo que amas, lo haces muy bien, cada día te preparas más para dar el 150% de tu trabajo. Y sí te piden más de ti o de lo que haces, no te enojas por tener que trabajar más, al contrario lo haces con mucha satisfacción y por ende cobras mejor.

Si me preguntarán si volvería a trabajar como lo hacía antes de disfrutar de este secreto. Que trabajaba más de 12 horas en un trabajo que no me gustaba, que casi no veía a mi familia y solo porque me pagaban muy bien al final de mes. Les contestaría que no, porque una vez que aprendes a vender, la libertad es el regalo que viene con la venta.

Aún trabajando en una empresa, si te gusta lo que vendes, lo que representas, harás tu trabajo con todo el amor y dedicación que se requieren. Como dicen LITERAL:

"PONTE LA CAMISETA"

Ponte la camiseta de la empresa y aprende todo lo que puedas, porque eso te hará subir de nivel y de ganancias. Hay muchas empresas con la cual puedes hacer carrera. Incluso algunas te apoyan con tus estudios. Prepárate y da lo mejor de ti.

Y si trabajas por tu cuenta, bueno toca esforzarte más y seguir aprendiendo día con día, busca más libros como este o sigue el link de nuestra página en internet, donde damos cursos y conferencias a domicilio y en línea:

Página web:

https://francisco-di-emmanuel.negocio.site/

MANEJA PAQUETES DE PROMOCIÓN

Algo muy bueno y que atrae muchísimo a un cliente son los paquetes de promoción. Al final siempre el cliente busca la manera de cómo ahorrarse algún dinero y tener una ganancia en producto. Para ello son los paquetes de promoción:

> **"Y SÍ ESTÁ IMPRESO ES MEJOR"**

Si está impreso y a la vista del cliente que mejor, ahorraras tiempo al cliente, buscando que es lo que está al alcance de su bolsillo y además también te ahorra tiempo a ti como vendedor, porque no tienes que estar explicándole al cliente cuales son los precios o que productos contiene tu paquete, él lo verá en pantalla, o en la propaganda y decidirá cuál es el que más le conviene a su economía.

Este truco lo saben y lo manejan muy bien las cadenas de negocios de comida rápida. Como el servicio debe ser rápido cordial y/o exprés, el mayor tiempo que pueda ahorrarse un vendedor en caja a la hora del servicio es de suma importancia. Además es en beneficio para el cliente también, pues esté ya esta tan acostumbrado a la comida rápida que quiere sus alimentos lo antes posible.

Has junto a tu catálogo de ventas o herramienta de interacción el menú de precios y paquetes disponibles para que el cliente lo vea y pueda tomar rápido una decisión. ¿Normalmente como funciona? Bueno un ejemplo: por pieza este producto le sale en tanto dinero $$$ pero si usted elige este paquete que le incluye ya todo lo que usted quiere y una pieza de regalo le sale en tanto...$$

Así coloca los paquetes de acuerdo a las promociones que tú manejes, en beneficio al cliente y a tu empresa y muéstraselos.

Si tú trabajas por tu cuenta, bueno también se puede:

Una vez estaba de compras por el centro de la ciudad y me dio mucha hambre, vi un puesto de tacos y se me antojo pedir una orden.

Ya sabes que ricos son, con su tortillita de maíz, carne, cebolla, cilantro y salsita al gusto.

Bueno en eso llegaron unos extranjeros que hablaban en inglés y no sabían si probar los tacos, era su primera vez en el país. Yo me acerque y les hable en ingles, le dije que los tacos de ese lugar eran buenísimos, que probarán los tacos pero que tuvieran cuidado con la salsa, de no ponerle mucha a sus tacos, porque si picaba bastante.

Bueno al verme comer a mi tan contento, ellos también pidieron unos tacos, al terminar de comer y hacer la cuenta, los extranjeros preguntaron qué ¿cuánto debían pagar? A lo que el vendedor no sabía hablar inglés pero era muy ingenioso.

Con la calculadora grande que tenia a un lado, solo se dispuso a hacer la cuenta. Le enseño los números de la calculadora a los extranjeros y listo, ellos pagaron en pesos. Y el señor les dio su cambio.

Ves este truco es muy bueno, sobre todo cuando tenía en mi restaurante, clientes que ya habían tomado un poco, al decirles cuanto nos debían, siempre me ponían peros y me regateaban el precio. Apliqué lo de la calculadora y funcionó, me pagaron sin reproches y hasta propina me dieron. Ves como las cosas que podemos ver con nuestros ojos las registramos mejor que las que escuchamos con nuestros oídos, enséñales el precio en algo visual a tus clientes, es mucho mejor a la hora de vender.

"OFRECE UN PRODUCTO DE CALIDAD"

Ofrecer un producto de calidad, es de suma importancia, puede haber mucha competencia, gente que tal vez venda lo mismo que tú, o parecido que tú, pero la diferencia radica en la calidad en el producto, que ofreces.

Una vez me preguntaron - ¿Por qué tú das una canción en $100 pesos si el Trió da 3 canciones por el mismo precio...?

- La respuesta es sencilla, porque la calidad no es la misma.

Yo les digo aquí hay tres tipos de músicos, los buenos, los malos y los feos. Allá están los malos y los feos... y aquí están los buenos.

Con una sola canción que usted me pida, verá la diferencia.

Eso despierta el interés de la persona que te escucha, incita a que te pida una canción. Pero cuidado debes dar la calidad que pregonas en tu discurso o el cliente no te pedirá ni una más.

Normalmente al escucharme el cliente queda contento y pide por lo menos 5 canciones más. Todas nuestras canciones están garantizadas, (les decía) la que no le guste la paga doble...

Es importante ofrecer un buen producto, y convencerte de que lo que tú vendes es lo mejor. Y si no es así, busca la manera de que tu producto sea el mejor...

Una vez llegue a los famosos tacos de canasta, tenía mucha hambre y cuando me sirvió el hombre, no pude evitar la carcajada y le dije: - no amigo ¿qué es esto?, yo quiero tacos para hombre, no para niños, mire, están bien chiquitos sus tacos, con esto no tapo ni una muela.

–El hombre refunfuño pero no dijo nada. Yo le aconseje que sus tacos estaban muy pequeños que los hiciera de tamaño normal y a la gente le gustarían más.
El hombre me respondió que para darlos más baratos los tenía que hacer así.
Imagínense si los tacos de canasta de por si son un poco más pequeños que la tortilla normal, estos eran la mitad de la mitad de la tortilla, eran unos mini-mini tacos.

Parecían literal un cachito de tortilla con una embarradita de frijol, ni sabor tenían. Yo le dije, que de nada sirve dar un producto muy económico, si a la gente no le va a gustar y jamás lo va a volver a consumir. Mejor dalos a un precio más alto le dije, pero has un buen taco, para que la gente regrese. Pagué mis tacos y me fui, jamás volví a comer ahí.

"ESFUÉRZATE Y HAZ UN TRABAJO MEJOR"

Todo esfuerzo tiene sus recompensas. Cuando recién empecé a juntar el repertorio que quería ofrecer a mis clientes, fue difícil, no sabía por dónde empezar, pero una vez que empecé y le di estructura a mi trabajo, todo fue más fácil.

Solo me dique a juntar la información y hacer el vaciado de la información. Tengo amigos y compañeros de clase que realizaron el TEACHERS (Diplomado para Profesores de Inglés) conmigo y no se han podido certificar, porqué no han podido o no han sabido cómo iniciar su Tesis (Trabajo escrito de investigación que exigen para obtener el grado académico) Y lo sé, yo pasé por ahí, pero lo importante es sentarte a la computadora y empezar, si jamás empiezas jamás lo terminarás. Recuerdo que cuando inicié la Tesis me pase como 2 horas literales, solo pensando en cómo lo iba a ser, busqué ejemplos en internet para darme una idea… ¡Y Pum! Empecé a escribir, le di formato, le di estructura, incluso hice la planeación en una hoja de papel. Al final valió la pena, puede entregar un gran trabajo. Y lo que digo es cierto, mis amigos y compañeros habíamos planeado certificarnos juntos, pero al final de todos los que éramos, solo dos logramos el título académico, una compañera y yo. Hoy han pasado algunos años y les pregunto a mis amigos que si ya pudieron entregar su tesis y me dicen que no, lo han dejado por la paz. Todo porque no han empezado siquiera a tratar de hacerlo. ¡Órale! todos los días, un poquito, si no nos sale, lo volvemos a intentar, hasta que nos salga.

Al final he pensado que lo que ellos dejaron de lado, es una buena propuesta de negocios para ti y para mí, si no saben cómo hacer su tesis, yo podría ayudarles asesorándolos y al mismo tiempo ganarme un buen dinero. Ganan mis amigos y Gano Yo (Es un Ganar- Ganar).

> **"INVERTIR EN NUEVOS CONOCIMIENTOS... ESO SIEMPRE TE TRAERÁ MEJORES GANANCIAS"**

Ofrecer un buen trabajo o producto de calidad literal se vuelve más fácil con el tiempo, solo tienes que esforzarte más y escuchar cuales son las necesidades de tu cliente.

Piensa, ¿si tú fueras el cliente, comprarías tu propio producto?

Y sí no es así, ¿qué es lo que harías para mejorarlo? Anota todas las recomendaciones que te dice tu cliente, tú como eres el vendedor, estás enamorado de tu producto, pero el cliente, que es tu principal consumidor, puede agregarle a tu producto la cereza del pastel, que hará que sea todavía mejor.

Yo creía que con el amplio repertorio que tengo, ya no tendría tarea, pero cada semana por lo menos tengo una o dos canciones nuevas que mi cliente me pide que me aprenda. Es como un médico, salen nuevas enfermedades y el médico debe conocer con que nuevo medicamento atacarlas.

Lo mismo es aquí debes renovarte cada determinado tiempo para mejorar tu producto o actualizarlo con las nuevas necesidades que el cliente requiere.

Jamás pensé llegar al punto de necesitar una terminal especial para poder cobrar con tarjeta a mis clientes nuevos.

Pero fue el mismo cliente quien un día me dijo que me comprara mi terminal y tendría mucho más ingresos.

Recuerdo que una vez nos contrato un señor que venía de París, le gusto mucho nuestro trabajo y nos contrato por horas. Al final del día, su cuenta era tan grande que no le era posible pagarnos en efecto y ya medio entonado nuestro cliente con el alcohol que se tomó, tuvimos que acompañarlo hasta el cajero como tres veces, porque sacaba más dinero y quería más música, sacaba más dinero y pedía más canciones.

Así estuvimos hasta como a las 3 de la mañana. Sí hubiera tenido mi terminal en ese momento, le hubiéramos podido cobrar ahí mismo, sin necesidad de que se levantara de su lugar en el restaurante.

"CONSIGUE TU TERMINAL PARA COBRAR MÁS FÁCIL"

En otra ocasión nos tocó que una parejita de novios nos visitará en el restaurante. Estaban muy animados pidiendo canciones, tanto que incluso la mesa de al lado también estaba emocionada, con la música en vivo.

Como las dos parejas estaban conviviendo y cantaban muy felices juntos, yo les sugerí que unieran sus mesas. Ellos dijeron que sí. Al final fue un show maravilloso y muy cansado, pues fueron varias horas que estuvimos ahí.

Cantamos con derroche de energía pero, valió la pena al final el cliente estaba contento. Cual fue la sorpresa para el grupo que al final del show la cuenta también era elevada y los jóvenes no contaban con esa cantidad en efectivo. Querían pagar con tarjeta, pero nosotros no teníamos como cobrarles más que en efectivo.

Así que nuevamente tuvimos que acompañarlos al cajero. Cuál fue nuestra sorpresa, que el cajero más cercano no tenía dinero y ellos necesitaban un cajero de un banco diferente.

Perdimos como una hora buscando un cajero en dónde ellos pudieran sacar dinero y con el miedo de que no pudieran pagarnos. Ahí aprendí que definitivamente tenía que invertir en una terminal, para poder cobrar con todas las tarjetas, descanso para el cliente, tranquilidad también para mí.

"ACEPTA LAS DIFERENTES FORMAS DE PAGO"

Aceptar otras formas de pago te traerá muchísimo más ganancias, te lo digo por experiencia. Tenemos clientes nacionales, pero creo que tenemos mucho más clientes extranjeros, que en realidad no cargan con efectivo, por su seguridad, y prefieren pagarlo todo con la tarjeta.

Si estás dudando entre comprarte tu terminal o no, Yo te aconsejo que te la compres, tendrás mucho más ventas y podrás darle esa facilidad a tu cliente, de poder pagar con otra forma de pago que no sea el efectivo y así no dejaras ir ventas por no actualizarte.

Este mundo avanza más y más hacia la tecnología y si tú no das el salto, te quedarás atrás. Tengo un amigo mío que se dedica a lo mismo que yo, es de edad más avanzada y por lo mismo no quiere actualizarse, se aferra a quedarse en los años 80 y no más no quiere dar el salto.

Esto ha provocado que pierda muchas ventas, literal el cliente no tiene como pagarle más que en efectivo y no se le hace cómodo tener que dejar su mesa, que su comida se le enfrié y perder tiempo en el cajero para sacar dinero y pagarle a mi amigo. Yo respeto su edad y sus creencias, pero en este nuevo mundo es renovarse o morir.

Hubo una vez, un domingo por la mañana que sonó el teléfono muy temprano.
Los Domingos por lo regular es mi único día que normalmente puedo levantarme más tarde, los otros días los tengo llenos de actividades y mi levante es más temprano, para empezar con energía mi día.

Total que ese día sonó temprano el teléfono, era mi amigo Enrique que en ese momento necesitaba con urgencia mi ayuda. Enrique vende Telas finas en la plaza principal y había convencido a una clienta de hacerle una compra fuerte, pero él no le podía cobrar pues no contaba con terminal y la clienta, solo podía pagar con tarjeta. Yo me acuerdo que estaba muy entusiasmado el día que adquirí mi terminal, que claro fui y le conté todos los beneficios que tenía a mi amigo Enrique. Pues hoy era el día en que él necesitaba urgentemente de mi ayuda. Me pidió si podía correr en ese instante a la plaza y llevar mi terminal, o la venta se le iría de las manos. Yo le dije que sí, que me diera 5 minutos para vestirme, echarme agua y correr a la plaza donde él estaba. Lo bueno es que un día antes había ido a visitar a mis papás y me había quedado a dormir ahí, que suerte para mi amigo que la casa de mis papás está muy cerca del trabajo de Enrique y que ese día me había quedado a dormir ahí. Me vestí y salí corriendo a la plaza en busca de mi amigo, yo llevaba ese día mi traje sastre del trabajo.

Cuando llegue mi amigo Enrique y su mamá estaban súper contentos la cliente seguía ahí. Saque mi terminal y le cobré a su clienta, a mi amigo le fue mejor ese día por que en vez de vender una sola pieza, como la cliente vio que si podía hacerle el cobro con tarjeta está misma prefirió entonces llevarse tres piezas más. Es decir que sus ventas se elevaron mucho más solo por poder cobrar con la tarjeta.

Y aun más la amiga que venía con la clienta al sentirse segura a la hora del cobro de mercancía, tampoco se quedó a tras así que también compro otras cuatro piezas para ella, con su respectiva tarjeta de crédito. Al final solo me dedique a cerrar la venta con el cobro y el envió de su voucher (comprobante de compra) digital al teléfono particular del cliente.

Ves mi amigo no solo no perdió ese día la venta, pudo vender no solo una pieza sino 8 piezas en ese mismo instante. Te imaginas la sonrisa de mi amigo vendedor Enrique y su mamá.

Cuando les dije que yo podía conseguirles una terminal para ellos, no dudaron en juntar el dinero y me pidieron que les trajera su terminal, pues al ver todo lo que han vendido con su nueva terminal, esta terminó pagándose sola. Al final descubrieron que se trataba de una gran inversión.

DIVERSIFICA TUS PRODUCTOS GANARÁS MUCHO MÁS

Cuando tenemos un producto estrella, ese con el cual estamos ganando mucho dinero, pensamos que ya el trabajo se quedó ahí.

Y no es así, la gente se queda con más ganas de consumir otra clase de tus productos.

Y tienes que diversificar para ellos, esa es la clave del negocio, tener varias fuentes de ingresos, no solo de tu producto estrella, sino también de productos similares que el cliente pudiera comprar junto a tu producto estrella.

Por ejemplo cuando la gente va al circo a disfrutar de una gran función de malabares y payasos la cosa no queda ahí, en pagar solo por un boleto para ver la función, no. A la gente le da hambre y le da sed, puedes venderles palomitas, golosinas, hot dogs, refrescos etc. etc. etc.

Además normalmente a las funciones van niños, bueno véndeles lucecitas de colores, dulces, juguetes, todo lo que se te ocurra que a tu cliente le gustaría consumir. Muchos vendedores se olvidan de esto y es de suma importancia:

Cuando a un niño le vendes un juguete y se lo lleva a casa, van sus primos y este niño les presume de su juguete, que crees que van a querer hacer sus primos, no le van a decir a sus papás:

- Papá llévame al circo porque está muy bonita la función – No… Van a ir con sus Papás y les van a ¡exigir!!!, que los lleven al circo, porque quieren un juguete ¡igual al que tiene su primo!!!. ¿Ves como ese juguete es un gran estimulo de mercadotecnia, ideal para engrandecer tus ventas? (Debes diversificar).

Había una linda señora que se ponía a las afueras del cine y vendía unos muñecos de peluche, tan bonitos, que ella misma había confeccionado (tejido a mano) ¿Cómo le hacía para saber cuando eran los estrenos de película?, no lo sé, supongo que hacia su tarea de investigación. El chiste es que cuando éramos niños, todos mis amigos y yo queríamos comprarle a ella, eran juguetes que no encontrabas en otro lugar.

Quieres diversificar, es muy fácil, eres músico y cantas muy bien... graba un disco y véndelo al final de tus presentaciones, la gente te recomendará y hasta podría conocerte más atreves de tu disco.

Eres bailarín o bailarina, grábate y vende tus coreografías para XV años y Bodas. Esto último de las bodas es un Boom Ahorita y está en auge. Eres vendedor, abre tu página en internet y vende todo lo que puedas online y a domicilio.

Abre un canal de Youtube para que la gente conozca tus talentos.

Conozco un amigo empresario que su compañía vende materiales de construcción. Bueno pues él aplicó mis conocimientos y ahora tiene un canal de Youtube en el que graba a sus mejores trabajadores haciendo trabajos de remodelación y al mismo tiempo anuncia los productos que mi amigo empresario vende en su compañía.

Ahora vende no solo aquí sino por todo el mundo y ha abierto una cadena de distribución de transportes para poder llevar su producto a Estados Unidos y Toda América Latina.

"SUBE TU TALENTO A PLATAFORMAS DIGITALES"

Grabarte y subir tus videos a la red me ha servido de maravilla, muchas veces a la hora de las negociaciones la gente aun no conoce del todo tu trabajo y necesita ver y saber de ti, como lo logro, subiendo videos a mi propia página de contenidos, dónde no solo la gente puede disfrutar de mi trabajo sino que, miran los comentarios tan positivos que la gente buena que conoce mi trabajo pone en mi canal.

De esto tengo otro libro especializado que si tu quieres puedes comprar "EL ARTE DE VENDER POR INTERNET – POR FRANCISCO DI EMMANUEL" en él te enseño paso a paso y dedicadamente lo que debes hacer para incrementar al máximo tus ganancias vendiendo por internet. Está totalmente garantizado y lo puedes conseguir en el siguiente link: https://francisco-di-emmanuel.negocio.site/
Te lo recomiendo ampliamente y no olvides, que invertir en tí y en tu conocimiento siempre te generará mucho más ganancias.

"INVIERTE EN TÍ Y EN TUS CONOCIMIENTOS"

ESCUCHA LAS NECESIDADES DEL CLIENTE

Siempre escucha las necesidades de tu cliente y busca como resolverlas, anótalas en una libreta especial, o en algún lugar, porque se te pueden perder. Y estas sugerencias siempre serán bien recompensadas por tu cliente.

Recuerdo que una vez un señor de edad avanzada me pidió una canción especial. Era una canción muy viejita, pero le gustaba cantársela a su esposa.

La primera vez que los conocí venían juntos él y su esposa y por poco no me contratan, todo por no saberme esa canción. El señor me pidió que le cantara a su esposa otras canciones bonitas:

Boleros, baladas, rancheras, pero ninguna satisfacía exactamente lo que quería escuchar su esposa. Supongo que era una melodía especial entre ellos.

El señor me pago las pocas canciones que cante y yo prometí que cuando los volviera a ver, ya tendría la canción especial que me pedía su esposa. El tiempo pasó y muchas fueron las coincidencias que pasaron después.

Resulta ser que la canción favorita de su esposa era de un compositor muy bueno, pero ya fallecido llamado Gonzalo Curiel.

Y en el tiempo que transcurrió después de que vi al señor y su esposa. Había llegado una muchacha muy linda y elegante a trabajar como recepcionista al restaurante. Yo normalmente no platico mucho con las señoritas que reciben a la gente, para evitar malos entendidos con los compañeros y la empresa. Pero yo veía que a esta, me ponía sumamente atención, sobre todo cuando yo cantaba buenos boleros. Pues como no si haciendo amistad con esta señorita, resultaba ser que era la nieta (por decirlo así) del mismísimo compositor Gonzalo Curiel. Que chiquito es el mundo y que grandes son las coincidencias. Esto despertó muchísimo más interés en mí por aprenderme la nueva canción que me pidió el señor y su esposa. Y cuando por fin los volví a ver yo ya estaba preparado. El señor no me quería contratar, pero al escuchar que yo ya me sabía la canción favorita de su esposa, no solo me contrato sino que me pase cantando para ellos toda la tarde, me pagó y aún más me dio propina por mi buen esfuerzo.

Desde que soy libre financieramente, para mí ya no pasa el tiempo. Incluso me encontré unos clientes que pasaron 3 años desde la última vez que cante para ellos. Me dio gusto saber que se acordaban de mi, de hecho todavía traían un video donde me grabaron cantando con ellos. Y aunque no lo creas, si me pidieron sus canciones.

Tú podrías olvidarte del rostro del cliente. Pero el cliente nunca se olvidará de ti, pues no solo se acuerda de ti, sino de la experiencia que vivió contigo.

DEJA A TU CLIENTE CONTENTO Y PROGRÁMALO PARA UNA VENTA FUTURA

Es importante que el cliente se quede contento, a gusto con lo que haces, pero sobre todo queriendo más de tu trabajo. Muchas veces me tocaron clientes que no traían mucho dinero para poder disfrutar de mi producto, sobre todo los jóvenes, pero aunque solo me pudieran contratar una canción, yo les regalaba una extra.

Y les decía no se preocupen cuando vuelvan a venir yo sé que me contratarás muchas canciones más (esto es quedar bien y programar a tu cliente para una visita próxima) La gente se quedaba contenta al recibir una canción extra más gratis.

A mí no me quitaba más de 5 minutos más de mi tiempo, pero mis clientes se quedaban agradecidos, y muy satisfechos, y te prometo que más de uno si regresaba a mí. Y me decían – ¿Te acuerdas que cuando vine con mi novia o fulanito de tal, nos cantaste y nos regalaste una canción y prometimos en volver?... pues aquí estamos. – La gente si se acuerda de lo que tú haces por ellas y sabe recompensártelo.

Yo no vendía mercancía en ese momento, ni canciones o música, vendía momentos increíbles e irrepetibles que ellos compartían con sus familias y seres queridos. Y siempre, siempre se acuerdan de mí.

Hubo incluso una chica que venía con sus amigos y me pidió una canción, me interrumpió en medio del show y me dijo secretamente, perdón es que no tengo dinero como pagarte, me están invitando mis amigos.

Yo le dije no te preocupes esta canción que sea de la casa. Cuando regreses otra vez ya me contratarás muchas veces. Mi sorpresa fue, que todos sus amigos se cooperaron para pagarme esa canción, aunque yo ya les había dicho que era de la casa, y aún así la chica me recomendó con sus papás y el día del aniversario de estos me los llevo al restaurante y me contrataron para su celebración. Ves, siempre deja buena impresión con tus clientes y ellos regresarán a ti.

Si tu vendes mercancía y crees que no puedes aplicar esta forma de venta, regálales un momento feliz: un chiste, un buen comentario, un Dios te Bendiga y muy importante, regálales un número telefónico dónde ellos te puedan llamar para contratarte.

"EL NÚMERO ES MÁS IMPORTANTE QUE LA TARJETA"

Algunos podrán discrepar sobre este tema, pero déjenme decirles que en verdad funciona.

A mí se me hace muy profesional de tu parte que tengas tarjetas físicas, donde vengan tus datos, dirección y tu teléfono, dónde el cliente pueda localizarte.

Pero por experiencia te digo que veíamos que ahora, en la actualidad era un gasto inútil, porque repartíamos miles de tarjetas y muy pocos nos hablaban, además con tristeza veíamos que las encontrábamos olvidadas en la mesa o por el piso, y el cliente cuando buscaba tu tarjeta para llamarte, nunca la encontraba porque la había olvidado en el restaurante.

> **"APLICA LA TARJETA DIGITAL"**

Para solucionar esto, nosotros aplicamos una mejor estrategia, hicimos una nueva herramienta, una "Tarjeta Digital" (Una imagen de una tarjeta con todos nuestros datos pero digital) y cada vez que hacíamos una venta, le pedíamos su número WhatsApp al cliente para mandarle su voucher y nuestra nueva "Tarjeta digital" además de algunas promociones extra como Serenatas por Vídeo llamada, Eventos en vivo, Clases online y a domicilio etc.

También aprovechábamos para agregar su número a nuestra cartera de clientes. Y el cliente jamás nos volvería a perder porque él también ya nos tenía registrados en su teléfono.

"JAMÁS RECHACES A UN BUEN CLIENTE"

Había un cliente que me caía muy bien, nos contrato dos o tres veces, y siempre decía que nos quería llevar a trabajar a París Francia, decía que allá la música mexicana era súper apreciada y que ganaríamos muchos euros. Sigo esperando al señor que nos iba a llevar a París.

Un buen día ya estábamos trabajando en una mesa especial en el restaurante y llego una familia Cubana conformado de tres personas, el Papá, la Mamá y su hija de 14 años, querían que nosotros los atendiéramos y que cantáramos unas canciones para ellos, pues ya se iban a ir y querían escucharnos, antes de marcharse, pero nosotros ya estábamos atendiendo a otra mesa.

Fue tanto la insistencia del señor de Cuba y a mí no me gusta quedarle mal a nadie, que le pedimos de favor a la mesa en la que estábamos que nos dieran permiso de cantarle tres canciones a la familia que nos estaba solicitando.

Así lo hicimos y quedaron muy contentos con sus tres canciones. Regresamos con nuestro cliente primero y todo bien, todos felices.

Tiempo después era un día domingo por la tarde y no había mucho trabajo en el restaurante. Vi una pareja al fondo que traían a un niño y me aplique cantándoles una canción infantil (ya sabes, cuando tienes un detalle con los niños, normalmente los papás tienen un detalle contigo) estaba en medio de la canción.

Cuando de pronto después de que habían pasado muchos días, llego La Familia Cubana, si la misma de aquella vez que solo pudimos cantarle tres canciones, llegaron a salvar el día.

Me cayeron como ángeles del cielo porque ese día no me dio nada la familia del niño.

Entonces ofrecí mi servicio a la familia entrante, la familia cubana y cual fue tan bella mi sorpresa, de que ese mismo día era cumpleaños de la mamá, la esposa del Señor de Cuba y su hija de 14 años.

Mis canciones tienen un precio alto, pero ese día me dijo el señor: - No, no, no pero ¿cuánto tú me cobras chico por 10 canciones para mi esposa? le baje un poco el precio y le cante un paquete de 10 canciones y todavía de agradecimiento le regale algunas de la casa. Estaban súper contentos, tanto que el señor me decía con cada canción que le gustaba:

- te estás ganando "¡TU BOLETO A CUBA CHICO!"

- Al final le regale algunas de la casa, y el sorprendido fui yo, porque bueno, al ser ellos de Cuba les regale cantando los versos de Guantanamera la canción, les digo que el sorprendido fui yo porque a mitad de la melodía la Señora se paró a cantar conmigo. Me contestaba con otros versos bien bonitos de su amada Cuba… "Cultivo una rosa blanca en junio como en enero… Cultivo una rosa blanca para el amigo sincero… Que me da su mano franca. Y antes de morirme quiero echar mis versos del alma: Guantanamera Guajira Guantanamera" (Poeta y escritor político cubano José Martí).

En eso el aplauso no se hizo esperar y el esposo de la Señora bien contento me dijo:

- ¡¡¡TE GANASTE TU BOLETO A CUBA!!!

– Yo le deje mis datos y el prometió llamarme.

> **"TU TRABAJO TE PUEDE LLEVAR A VIAJAR POR EL MUNDO"**

El señor estaba muy emocionado porque fuera con ellos, a su amada Cuba a cantar con su hija que cumpliría sus XV años. Sus quince primaveras y quería que cantáramos en vivo, frente a su familia y todos sus invitados.

Debo ser sincero, por un momento no sabía si en realidad me iban a hablar o nos dejarían plantados como lo hizo el supuesto señor que nos llevaría a Francia.

Yo le di con fe mis datos y esperé a que me hablara.

Cuál fue mi sorpresa que un mes después sonó mi teléfono: - Bueno si ¿quién habla? – Buenas tardes habla el señor de Cuba, ¿podríamos reunirnos este domingo en mi casa para que acordemos lo de su viaje a Cuba por Favor? – Claro que si, le contesté ahí nos vemos.

Yo tenía que ir a su casa a averiguar si en realidad se iba a ser el viaje a Cuba y prepararme, y además por que el señor me dijo: -Eso sí, tengo que presentarle a mi mamá y a mi gente, porque nadie va a Cuba conmigo si antes no conoce a mi gente.

Ese día llegué a su casa y muy amables me prepararon de comer, una deliciosa comida Cubana.

Pero antes yo tenía que hablar con el señor de Cuba y ser muy sincero: (saben que ante todo un vendedor debe ser sincero con su cliente para un buen acuerdo)

- Disculpa ¿Cuál es tu nombre? – Leo – Me contestó… Yo estoy muy preocupado Leo, porque tú me dices que me llevas a mí y a cualquiera de mi grupo o familia que yo quiera llevar, y la verdad no me quisiera quedar con el compromiso y que a la mera hora ya no se haga. Le platique lo que nos decía el señor de Francia, que nos llevaba y nos llevaba y a la mera hora nunca nos llevo.

Le dije mira Leo que te parece: (sinceridad ante todo) Yo todavía no cuento con mi pasaporte para salir del país. Yo cobro $$$$$$$ tanto aquí en México por un evento así.

Sí tú me dieras como adelanto la mitad del evento, yo con ese dinero aseguro que tú me vas a llevar, porque ya me diste la mitad del evento y tú asegurarías que yo voy a ir, porque ya tendría en mis manos mis papeles en regla (mi pasaporte y demás) y ya podría ir contigo y tu familia.

No solo eso acordamos que me pagaría cada fin de semana los ensayos que tuviera con su hija y mi visa para poder viajar.

Mi experiencia en Cuba fue maravillosa, los amigos de allá me trataron como uno más de la familia, me llevaron a conocer La Habana vieja, La Habana Nueva, el malecón, "La Casa de la Música" El Museo del Che Guevara, El hotel Principal de Cuba y Muchísimos lugares turísticos.

Me paseaban en carro de lujo de 1957 de esos que solamente salen en las películas. Nuestro evento nos salió muy bien, nos felicitaron mucho por nuestra actuación, sobre todo a Yssell mi alumna. Yssell casi me hace llorar cuando me dedicó una de sus velas de XV años y justo antes de nuestro show, tuve que aguantarme las lágrimas de emoción para poder dar un buen espectáculo. Al final todo salió muy bien.

Me llevaron a dar serenata por allá a los familiares y amistades de mi amigo Leo y siempre me dieron de comer riquísimo, comida tradicional Cubana. Me trataban como Rey, como un gran amigo.

Tengo mucho que contar, pero si les interesa lo contaré en otro libro porque son cosas muy padres y muy interesantes que viví allá.

Sobre todo:

> **"VIAJAR ABRE TU PANORAMA DEL MUNDO"**

Quiero dedicar esta parte del libro a agradecerles con todo mi corazón, ahora a mis amigos de Cuba: a Leo, su Esposa Mayrelis, su hija Yssell y ahora mi alumna y a toda su familia de La Bellísima Habana Cuba que me trataron excelente, como a un hijo más...

Sobre todo a Mamá Juana de Cuba, sus hijos, su cuñada de Leo que cocina tan rico, su hermano de Leo que nos llevo a todos lados en esos carros de lujo de 1957 con motor de Toyota, o al amigo mexicano:

"Mi Banda me respalda" a Betsy, a los jóvenes que conocí allá, que bien bailan, y las chicas cuando se arreglan parecen modelos, a la hermana de Mayrelis y a su esposo que inspiró parte de este libro con sus anécdotas, a mis amigos colegas los maestros de música, a todos los amigos de Leo que donde me veían me invitaban un trago:

- ¡Mexicano, Mexicano! tómese este Roncito o este vinito… jejeje

- A la embajada Cubana que me trato tan respetuosamente, en fin a todos, a todos.

Hubo algo que viví allá que me marcó grandemente y que inspiro a que saliera mucho más pronto este libro. Y es que el mundo es tan pequeño, que muchos de los problemas económicos que sufrimos aquí, también los sufren en otros países.

Al estar en la fiesta de XV, recuerdo muy bien que el Esposo de la hermana de Mayrelis, es decir su cuñado de Mayrelis me confesó:

- Profe el mundo aquí no es tan diferente que allá, dónde usted vive, yo soy un ingeniero químico y trabajo en la mejor empresa del país haciendo yogur para vender en las grandes tiendas.

Ese yogur que usted ve en el supermercado que se vende en bolsa, nosotros lo hacemos, sin embargo yo recibo un sueldo por ello y aún así con el sueldo mío y el de mi esposa que es enfermera no me alcanza para vivir mejor.

- Dos sueldos, de dos grandes profesionistas y apenas alcanza para lo necesario. Y es que Leo mi amigo de Cuba me explica que allá en la Habana tienen otro régimen monetario.

Él me dice que aquí en México gana en miles y allá en Cuba en centavos, es decir que aunque los dos padres de familia sean profesionistas, nunca podrán aspirar a ganar un sueldo mayor.

Esa historia de verdad me conmovió el alma y por aquí en mi país no tenemos ese régimen, sin embargo los sueldos de un trabajador normal también son muy bajos. Pero si tan solo aprendiéramos aquí en mi país como vender correctamente, quizá las cosas cambiarían.

A mí me encanta compartir que a partir de que aprendí a vender mi vida cambió para bien y para siempre. Yo trabajé de muchas cosas en mi juventud, fui herrero, carpintero, músico, bailarín, empacador, trabaje en grandes empresas como vendedor, cajero, encargado de piso y Jefe de Departamento.

Trabajé en seguridad, fui militar, comandante y maestro. Y cobraba muy bien por ello, pero nada elevo mis ganancias, y potencializó tanto mi entrada de dinero (flujo de efectivo) hasta que aprendí a vender, funde una empresa, comercialicé un producto etc. etc.

Ahora soy libre trabajo a mi ritmo, terminé mi carrera, y sigo estudiando otra, veo más tiempo a mi familia y me gusta lo que hago y disfruto cuando mi cliente, también disfruta de mi trabajo e incluso me recomienda.

Aprende a Vender es la Mejor Inversión que puedes hacer para toda tu vida.

APRENDE A VENDER POR INTERNET

Estamos en el nuevo mundo y no solo tienes que aprender a vender, tienes que aprender a comercializar tu producto por todo el mundo.

Recuerda yo no gano muy bien porque me compre un solo cliente. Yo gano muy bien, porque miles de clientes vienen a mí a consumir mi producto.

> **"EL SECRETO ES TENER VARIAS FUENTES DE INGRESO"**

No solamente tener un cliente, si no tener muchos clientes interesados que quieran comprarte.

Para esto debes generar confianza, recuerda sino estás en la red, simplemente no existes y el consumidor de ahora es muy caprichoso, quiere saber de ti antes de consumir tu producto.

Recuerdo que una vez mi celular viejo ya se había descompuesto.

Debes saber un pequeño secreto de mi, que mi teléfono ya no es solamente mi entretenimiento o para realizar llamadas, no, mi teléfono ahora se ha convertido en mi herramienta principal para mi trabajo, es mi computadora personal y en el llevo, toda la información que necesito para mandarle a mis clientes, videos, catálogos, menús de los artículos que poseo a la venta, promociones e incluso información para que me puedan hacer depósitos desde cualquier parte del mundo. Manejo desde mi celular mi canal de ventas, mi canal de Youtube y mi página web.

Así que mi teléfono inteligente se ha convertido, sin que se ofenda mi secretaria, en mi asistente ideal personal.

Por lo mismo necesito de un teléfono de una gama superior, que tenga todas las funciones necesarias para que pueda hacer mi trabajo por la red.

Recuerdo que junte un poco de dinero, bueno en realidad bastante dinero diría yo, y me dirigí a la plaza comercial a buscar el teléfono que necesitaba.

Al llegar ahí la señorita me atendió muy bien. Me ofreció los teléfonos que tenía en exhibición y había dos en particular que me llamaban la atención.

Uno de una marca ya reconocida con todo lo que necesitaba y al precio que yo traía en mi cartera.

Y otro que era de una marca no tan reconocida pero que "traía todo lo que yo deseaba" (entre comillas) pero además unos súper juegos de video y unos lentes de realidad virtual geniales.

Que servían únicamente para ese dispositivo. Debo confesar que desde niño nací en la nueva era, soy fan, fan de los videojuegos, si lo sé ya soy un adulto con familia, pero lo siento ese es mi delirio, soy amante de las nuevas tecnologías.

Bueno la decisión era difícil, los dos costaban exactamente lo mismo, pero... yo no conocía el teléfono de esa marca diferente y eso a mí, me daba un poco de desconfianza.

La señorita creo que se desespero de verme como comparaba los dos teléfonos, los volteaba de arriba abajo, pero no podía velos prendidos porque no tenían bastante pila (error de la vendedora porque si deseaba hacer una venta, yo hubiera puesto los dos teléfonos a cargar).

En fin indeciso por no saber cual quería llevarme, la tienda me cerró y yo no pude comprar nada. Al llegar a mi casa ¿sabes que fue lo primero que hice cuando llegue a mi casa? Me puse a investigar por internet los productos de ambas marcas. Y ahí fue donde pude tomar mi decisión:

El teléfono sin marca que tanto me insistía que comprara la señorita, estaba muy bonito por fuera, incluso atraía al comprador con sus juegos de video y sus lentes virtuales, pero todo eso no compensaba el procesador que traía.

Empecé a leer montón de comentarios negativos de personas que habían comprado el mismo teléfono y no les servía, para colmo la empresa era Indianés y no había aquí en el país una agencia donde le pudieran hacer su garantía. La vendedora quería hacer su venta pero no fue honesta con su producto u omitió detalles importantes que yo debía conocer antes de adquirir o no su producto.

La respuesta fue obvia, gracias a mi investigación opté por el mejor teléfono que era de la marca conocida y así no arriesgue mi capital a lo tonto, sino que fui a la segura.

"APRENDE A VENDER POR INTERNET"

Sí tu quieres saber cómo puedes aprender por internet te pido que busques mi nuevo libro "APRENDE A VENDER POR INTERNET DE FRANCISCO DI EMMANUEL" dale play al siguiente link para que puedas hacer tu pedido por internet: franciscodiemmanuel@gmail.com
Al teléfono WhatsApp: 044 55 23 27 74 40

Ahí te enseñaré:

Cómo crear tu propio Menú de Interacción

Cómo crear tu Propia Pagina Web para tus ventas

Como vender a través de las redes sociales

Cómo abrir tu canal de Youtube y subir tu contenido

Cómo hacer tus tarjetas de Presentación Digitales

Cómo vender más por internet y mucho más contenido. Y…

Cómo sabemos que ya te mueres por ir a vender ahí te van:

LOS 10 PUNTOS DE "EL ARTE DE VENDER"

CREE EN TI

Punto número #1 cree en ti y en tu producto…

Primero que todo tienes que tener confianza en ti mismo para poder vender. Creer en ti y en tu producto. Saber que eres especial, y puedes aprender a vender si te lo propones.

Todos los días levántate con optimismo y proponte aprender a vender.

Anota todas tus experiencias a la hora de vender, lo que te sirvió y lo que no te sirvió también al abordar a un cliente. Ve que frases si te funcionaron y que actitudes puedes cambiar para que tu venta sea más atractiva.

Pensar que lo que estás vendiendo va cambiar al mundo y te va a generar al mismo tiempo ganancias.

VISTE BIEN

Punto número #2 Vístete muy bien y de acuerdo a lo que tú vendes...

Vestir bien mejora tu autoestima, pero vestir bien de acuerdo a lo que vendes mejora tus ventas...

Recuerda que eres un artista de las ventas, debes salir al mundo con tu mejor sonrisa y tu mejor vestuario, esa ropa que representa lo que tu vendes... tu traje de gala, tu esmoquin, tu uniforme de percha, tu mejor vestido, zapatos boleados, peinado de triunfador y triunfadora.

Porque el mundo antes de escuchar lo que vendes, primero te verá de arriba abajo, y te verán como un ganador y querrán saber de ti y qué es lo que vendes. Y estarán impacientes por saber qué es lo que tienes para ofrecer. Sal, vende y devórate al mundo a mordidas.

NO LE TEMAS A VENDER

Punto número #3 No le temas a vender…

Vender es tener en tus manos un bien o servicio muy preciado que tu quieres ofrecer a los demás y hacer un intercambio ya sea por dinero o por otro bien.

Que no te de pena mejorar al mundo con tu producto.

Y sí lo que te cuesta es hablar con los demás, practica, practica todo el tiempo. Véndeles, véndeles a tus amigos, véndeles a tus familiares, véndeles a desconocidos esa es la prueba base, véndeles a tus vecinos, véndele a todo el mundo. Pero vende, la práctica hace al maestro.

Practica tus discursos de venta (tus SPEECH), pero más que nada práctica socializar con la gente, habla con ellos no muerden, y escucha lo que te tienen que decir, esa es la clave del éxito.

Un hombre y una mujer se hacen ricos solucionando los problemas de los demás y monetizando estos eventos.

CONOCE TU PRODUCTO

Punto número #4 Conoce tu producto…

Conoce tu producto al 100%, sus cualidades, sus defectos y sus virtudes. Saber que hace y que no hace tu producto te ayudará a venderlo más fácilmente, recuerda un buen cliente conocedor no compra nada si no antes conoce bien el producto.

GENERA CONFIANZA

Punto número #5 Genera confianza - Se honesto contigo y con la gente…

Debemos crear un vínculo con el cliente y para eso debemos ser sinceros con nuestras palabras, ofrecer lo mejor que tenemos pero siempre con una sonrisa y con la verdad en los labios…

De nada sirve hacer la mejor venta de tu vida si será a base de mentiras, porque al final, la verdad siempre sale a flote, y es muy seguro que te regresen tu producto cuando el cliente vea que no fue verdad lo que le dijiste sobre ese producto y esto ocasionará que tengas perdidas, perdidas en ventas, perdidas en productos y sobre todo perdidas en clientes.

No pierdas la confianza del cliente, está es invaluable.

Si eres un vendedor honesto y le vendes a tu cliente lo que él realmente necesita, no temas, el regresará a ti, y te recomendará a los demás, incluso algunos te premiarán por tu honestidad.

CREA TU HERRAMIENTA DE INTERACCIÓN

Punto número #6 Crea tu catálogo o herramienta de interacción con el cliente…

Recuerda el cliente no sabe todo lo que vendes y necesita sentir en sus manos el producto para enamorarse de él (de la vista del producto nace el amor) Somos personas sensoriales, al momento de estar haciendo el discurso de ventas, dale el producto que vendes en la mano, si te lo acepta tienes 95% más de probabilidades de que si te lo compre.

ENTREGA UN PRODUCTO DE CALIDAD

Punto número #7 Entrega un producto de calidad…

De lo que más te diferencias de tu competencia, es en tu alto servicio y en entregar un gran producto de calidad.

Calidad vence a cantidad y por ende genera mayores ganancias.

Si no pregúntale a la empresa de la manzanita si no tengo razón.

ESCUCHA A TUS CLIENTES

Punto número #8 Escucha las necesidades de tus clientes…

Escuchar, anotar y resolver las necesidades que te solicitan tus clientes te traerán más beneficios a corto, mediano y largo plazo. Tendrás clientes seguros que crean en ti y tengan la confianza de recomendar tu producto.

CREA NOVEDOSOS PAQUETES

Y

PROMOCIONES

Punto número #9 Crea promociones y paquetes atractivos…

De preferencia que sean impresos para que el cliente pueda decidir que paquete o promoción es la que más le conviene a su bolsillo.

DEJA A TU CLIENTE CONTENTO

Punto número #10 Deja a tu cliente contento y con ganas de seguir consumiendo tu producto…

Crea experiencias agradables de venta, que el cliente no solo consuma tu producto una vez, sino que sea tan agradable su experiencia contigo y tu producto que regrese mucho más veces a ti.

PUNTO NÚMERO 11 Y 12 DE REGALO:

TU TARJETA DE PRESENTACIÓN DIGITAL

Punto número #11 Crea tu tarjeta de Presentación Digital…

No pierdas clientes porque ya no encuentran tu número para marcarte, pídeles su número de WhatsApp y mándale tu tarjeta virtual y promociones.

DIVERSIFICA Y VENDE TAMBIÉN POR INTERNET

Punto número #12 Diversifica tus productos y vende también por Internet…

Siempre maneja más productos que acompañen a tu producto estrella y…

Aprende también a vender por Internet y Las Redes Sociales.

Gracias por leer este libro, espero que el contenido y las experiencias aquí adquiridas te puedan servir para inspirarte a ser un gran vendedor o vendedora, que en la empresa que trabajes puedas ser parte del equipo, en verdad deseamos que te pongas la camiseta y si vas a emprender el viaje de vender por tu cuenta o crear tu propia compañía, que sea un producto de calidad.

Deseo para ti que encuentres la libertad financiera que tú te mereces y te pido que siempre inviertas en ti, en la búsqueda de nuevos conocimientos. Y los uses para inspirar a otros a hacer de este mundo, un lugar mejor.

Porque como te mencioné en este libro, sí todos aprendiéramos "El Arte de Vender lo que más amamos hacer." Todos seriamos felices en nuestros empleos y como haces lo que disfrutas, bueno pues el trabajo se convierte en una bendición para ti y para tus clientes.

Te deseo todo lo mejor…

Tu amigo y Entrenador Personal en ventas:

FRANCISCO DI EMMANUEL

www.ingramcontent.com/pod-product-compliance
Lightning Source LLC
Chambersburg PA
CBHW071358210526
45465CB00001B/151